入門　組織開発

活き活きと働ける職場をつくる

中村和彦

光文社新書

はじめに

「コーチング」や「ファシリテーション」という言葉を聞いたことのある方は多いと思いますが、「組織開発」という言葉を耳にしたことはあるでしょうか。聞いたことがあったとしても、それが何であるのかを説明したり、自分の言葉で語ることができたりする方は少ないというのが現状ではないでしょうか。

コーチングやファシリテーションは組織開発の長い歴史の中で育《はぐく》まれてきました。それらのベースに組織開発があり、組織開発を「大きな木」と例えると、コーチングやファシリテーションなどの手法は、その木の「実りのある枝葉」と捉《とら》えることができます。

日本の企業では、2000年頃からコーチング研修が導入されていきます。コーチングとは、上司が部下に指示して教える（ティーチング）のではなく、部下が主体的に考え、実行するのを引き出す関わり方のことです。

その次に広がったのがファシリテーションです。ファシリテーションとは、会議やプロジェクトなどの集団活動がスムーズに進むように、また成果が上がるように支援する関わり方のことです。２００３年に日本ファシリテーション協会が設立され、ファシリテーションの考え方や手法が広がるとともに、企業の中でもファシリテーション研修などが導入されました。

日本では、コミュニケーションや会議の活性化を目指して、コーチング研修やファシリテーション研修のような「研修（トレーニング）」が実施されることが多々あります。私も以前はもっぱらトレーニングを実施していました。今でこそ組織開発の研究と実施をメインにしていますが、ここで、私がトレーニングから組織開発に専門が広がったエピソードを簡単にご紹介します。

＊　＊　＊

20年以上も前のことになりますが、私は南山短期大学人間関係科に職を得ました。そこは非常にユニークな学科で、学科科目は講義がなく、人間関係を体験から学ぶ「人間関係トレーニング（正式名称は「ラボラトリー方式の体験学習」）」の授業が行われていました。ラボラトリー方式の体験学習とは、人と関わる実習を体験し、その体験から自分自身の関わり方や人間関係について気づく学び方で、企業では「教育訓練ゲーム」などと呼ばれています。

私も先輩たちからいろいろと教えてもらい、体験学習のトレーニングを実施できる力を身につけていきました。また、企業などの組織から依頼された際には、研修（トレーニング）の実施という形でお手伝いをしていました。

しばらくして転機が訪れます。患者に優しい病院づくりを目指すという目的で、パキスタンやバングラデシュの医療従事者（医者や看護師、保健師）にコミュニケーションのトレーニングを実施してほしいという依頼を受けたのです。

私にとっては初めての、組織の変革に継続的に取り組むプロジェクトでした。大学の夏休みや春休みを利用して何度か現地を訪れ、トレーニングを実施しました。その時、私は組織開発について理解しておらず、自分が当時もっていたトレーニングのノウハウでプロジェクトに取り組みました。コミュニケーションやチームワークを学ぶ実習を実施できる現地の人のファシリテーターを養成し、彼らが病院関係者にトレーニングを実施し、最終的に医療従事者の患者さんに対するコミュニケーションを改善することを目指したのです。

その結果、研修を実施できる人材を育てることに一定の成果を出すことができました。しかし、医療従事者の患者に対するコミュニケーションや医療従事者同士のチームワークを大きく改善させられるまでには至りませんでした。私はこの経験から、組織を変革するためにはトレーニングの実施だけでは不充分で、自分が組織に対して働きかけられるアプローチ方法をもっと広げる必要があると感じることになります。

組織内のコミュニケーションやチームワークなどの関係性に働きかけるアプローチが組織開発であることは当時から何となく知っていたので、私はこのとき、組織開発について深く学びたいと強く思うようになりました。

ちょうどその頃、幸運にも私が所属する南山大学から1年間のアメリカへの留学の機会を与えられ、組織開発の発展に寄与した機関であるNTLインスティテュートの組織開発のプログラム（正式名称は「組織開発サーティフィケート・プログラム」）に参加することになります。このことが大きく影響し、NTLのプログラムで学びを深めながら組織開発の全体像を理解していきました。日本に帰国してからは、組織開発の研究と実践、組織開発の講座の実施に取り組んでいます。

このようにして、私の組織へのアプローチがトレーニングから組織開発に広がっていきました。私と同じようにトレーニングの限界を感じ、組織に対して働きかける方法をもっと広げたいと感じて本書を手に取ってくださった方も多くいらっしゃるのではないでしょうか。

日本の組織も、研修（トレーニング）から組織開発への広がりが必要とされています。事実、組織開発はいま注目されています。ここ数年、「組織開発」をタイトルに掲げる研修や講座が増え、ビジネス雑誌にも特集記事が頻繁に組まれています。組織開発について、ともに学ぶコミュニティであるODネットワークジャパンも2010年に設立されました。

組織開発はアメリカで発展してきた「Organization Development」（OD）の訳語です。1960年代に日本に導入され、導入された当初は「組織づくり」と訳されたこともありましたが、その後「組織開発」という訳語が定着しました。

組織開発の全体像を理解するためには体系的な学びが必要とされます。それは、組織開発の理論や手法が非常に多種多様であることに起因しています。たとえば人材開発の場合、対象となるのは個人で、個人のもつ力や技術を伸ばしていくことを目指します。一方、組織開発の場合、対象となるのは組織全体や部門、部署、個人など、多様で複雑なレベルに及び、人や関係性という、組織の中のソフトな面にも光を当てて変革を目指すものだからです。

つまり、組織開発はさまざまな手法や理論が入っている「包括的な箱」のようなもので、ある特定の手法を指すわけではありません。したがって、組織開発の全体像を直感的につかむことは難しくなるのです。

そして日本では、組織開発の全体像を学ぶための機会が少ないという現実があります。組織開発に関する書物は日本でもいくつか出版されていますが、組織開発をこれから学びたいと考えている人たち向けの書物は、残念ながら日本にはまだありません。そこで本書は、組織開発の全体像を理解できるような入門書を目指しました。

本書は4章から構成されています。第1章では、まずは日本の組織の現状やマネジメント課題について心理学的な観点から考察し、組織開発が必要とされている状況について検討していきます。続く第2章では、組織開発とは何か、どのような特徴をもち、どのような歴史で発展してきたのかを見ていきます。第3章では組織開発の一部の手法について、具体的な事例を交えて紹介していきます。最後の第4章では、日本企業が活性化するための鍵を組織開発の観点からまとめてみました。

第1章からお読みいただければ、いま、なぜ組織開発が注目されているのか、それがなぜ日本の組織の現代的課題と切り離すことができないのかに気づいていただけると思います。第2章以降では、それらの諸課題にアプローチできる有効な方法が組織開発であることを説明していきます。しかし、組織開発が何であるかをまずは把握したいという方は、第2章から読んでいただき、その後、第1章に戻っていただいてもかまいません。

本書が、組織開発の全体像を知るための一助となれば幸いです。

［第1章］

今、なぜ組織開発なのか

1－1　組織の人間的側面へのマネジメント

組織が機能するために必要なこと

「組織」という言葉から何をイメージするでしょうか。世の中には、会社や役所、病院や学校、ボランティア団体、サークルなど、さまざまなタイプの、そして数多くの組織があります。組織の定義は第2章で改めて検討しますが、私たちの共通のイメージは、「組織とは、ある目標や意図をもって何らかの活動をしている人々の集合体」というものでしょう。ただ、組織というものは人が集まっただけでうまく機能するものではありません。

ホテルを例に考えてみましょう。ホテルには、予約係、フロント係、厨房係、清掃係など、いろいろな役割をもつ人々が働いています。それぞれのスタッフが違う役割を担いながら仕事に従事し、全体がうまく連動して質の高いサービスを提供することを心がけ、お客さんに満足してもらうことを目指しています。

数多くのスタッフが異なる役割を担いながら、同時に連携して協働していくことは簡単なことではありません。そのために必要となってくるのが「マネジメント」です。

「マネジメント」というと、「管理する」「人をコントロールする」というニュアンスを連想される方も多いと思いますが、マネジメントの動詞「manage」には、「取り扱う」「対処する」という意味も含まれています。このことから、組織のマネジメントとは、集まった人々を活《い》かし、組織の目的を果たすことに向けて対処し、働きかけていくことだといえます。

組織の二つの側面

さて、組織には、「ハードな側面」と「ソフトな側面」の二つの顔があります。

組織のハードな側面とは、形があるものや明文化されたもののことで、組織の部門や部署などの組織構造や組織デザイン、制度や規則、職務内容や仕事の決められた手順、戦略や理念などを指します。先ほどのホテルの例であれば、部署や仕事がどのように分けられているか、各スタッフの業務内容は何か、給与や昇格の制度、就業規則、ホテルの将来に向けた戦略や、ホテルの理念などです。これらは明文化・可視化され、公式的に定められているものです。

一方、組織のソフトな側面とは、人に関するさまざまな要素、たとえば人の意識やモチベーション、人々の思い込みや前提、コミュニケーションの仕方、協働性や信頼関係、お互いの影響関係やリーダーシップ、組織の文化や風土など、刻々と変化するものを指します。ホテルの例でいえば、各スタッフの仕事へのやる気、スタッフ同士がどのように協働しているか、異なる部署間の連携などです。これらは明文化・可視化されておらず、人や関係性といった心理的な側面です。

組織開発の先駆者で著名な研究者であるダグラス・マグレガーは、自らの著書のタイトルを『企業の人間的側面（The human side of enterprise）』としました。マグレガーの言葉を用いれば、組織のソフトな側面とは、組織の「人間的側面」ということになります。マグレガーは、組織における人間的側面が重要なマネジメント課題であると主張しています。

組織のハードな側面だけでなく、ソフトな側面（マグレガーの言う、組織の人間的側面）に働きかけ、その変革に取り組むアプローチが組織開発です。ここでは、組織開発そのものについて検討する前に、組織を機能させていくための捉え方、すなわち、組織のマネジメント課題について詳しく検討していきましょう。

組織の六つのマネジメント課題

組織のマネジメント課題には、次の六つが大切だと私は考えています。それは、「目的・

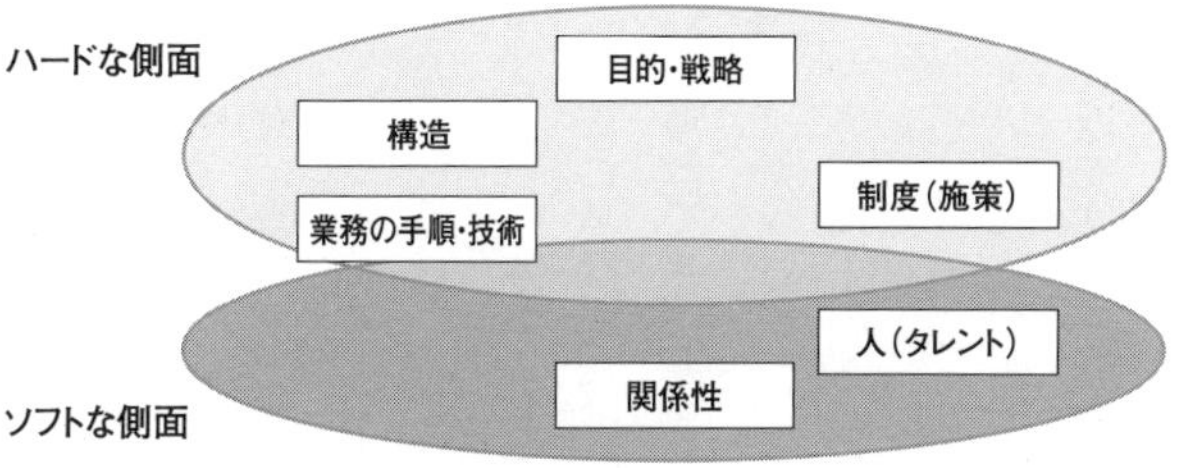

図1　組織の六つのマネジメント課題

戦略」「構造」「業務の手順・技術」「制度（施策）」「人（タレント）」「関係性」です（図1）。

まず、「目的・戦略」（以下「戦略」）は、その組織は何のためにあるのか、そして、組織が将来どのようになっていくのかを明確にし、浸透させるという課題です。

企業であれば、その企業の目的や理念は何で、どのような製品やサービスをどのような市場に提供し、いかに将来にわたって優位性を確保していくのかを明確にしていくことです。環境の変化やグローバルな競争が激しい現在、戦略は特に重要なマネジメント課題になっています。

「構造」は、仕事をどのように分け、部門や部署をどのように構成しているか、人々をどのように配置し、役割を割り当てているか、という組織デザイン（組織設計）に関わるマネジメント課題です。

「業務の手順・技術」は、仕事や業務をどのように手順化するか、仕事の仕方や手順をどのように明確にし、共有するか、効率化していくためにどのように技術を使っていくか（ＩＴ化、オートメーション化）、業務プロセスをどのように改善していくか、という課題です。

「制度（施策）」（以下「制度」）は、人材マネジメントに関するものが中心で、人々のモチベーションを高め、それぞれのキャリアを発展させるために、どのような制度を構築し、施策を実施していくか、という課題です。評価制度や報酬制度、目標による管理やキャリア開発、メンタルヘルスの施策などが具体的な取り組みとして含まれてきます。

ここに挙げた「戦略」「構造」「業務の手順や技術」「制度」は一度決定されると明文化されて形ができ、変更しない限りは形が変わらないので、組織のハードな側面のマネジメント課題といえます。

一方、図１の下に位置する「人（タレント）」と「関係性」はソフトな側面といえます。「人（タレント）」（以下「人」）は、個人の能力、スキル、リーダーシップ、意識やモチベーション、感情や満足度などです。「タレント」とは人の能力や才能のことを指します。

最近では、才能や能力がある人材を採用し、その力量を高め、リーダーとして養成していく仕組みは「タレント・マネジメント」と呼ばれています。人（個人）がもつ力を引き出し、活き活きと仕事ができるように働きかけていくことは、組織における重要なマネジメント課題です。

そして、同じくソフトな側面である「関係性」にはさまざまなレベルがあります。部署内のレベルとしては、コミュニケーションの仕方、お互いの協働性やチームワーク、リーダーシップのありよう、などがあります。部署間や部門間のレベルとしては、他部署・他部門とのコミュニケーションや連携、組織全体のレベルとしては、組織の文化や風土が挙げられます。

ここまで、組織の六つのマネジメント課題について見てきました。ここで押さえておきたいのは、組織のハードな側面とソフトな側面、その両方が重要な経営課題だということです。「組織は人なり」といわれるように、「人」や「関係性」という人間的側面の重要性については、多くの経営者は気づいています。しかし、人間的側面のマネジメントこそ最重要課題だと捉え、それに投資して継続的に働きかけている経営者は少ないのではないでしょうか。

「失われた10年」の間の課題

１９９０年代、バブル経済が崩壊した後、日本の企業は落ち込んだ収益を回復させるために、組織のハードな側面に対する変革を行いました。合併や提携、戦略の立案などの「戦略」の変革、人員削減や部門改組などの「構造」の変革、ＩＴ化や業務プロセスのリエンジニアリングなどの「業務の手順・技術」の変革、多くの日本企業が行った成果主義の導入に代表される「制度」の変革です。いわば、組織のハードな側面に大ナタが振るわれたわけで、大規模な外科手術が組織に施されたことになります。

しかし、外科手術だけで組織の諸問題が解消されたわけではありませんでした。人に例えるとわかりやすいように、外科手術を行うだけでは人は健康になることはできません。病気にならないためには、日頃の体質改善が必要になってきます。それと同じように組織でも、組織のベースとなる人間的側面、つまり、「人」や「関係性」を含めた組織の体質改善が必要になってきます。

組織開発は、組織のハードな側面だけではなく、「人」や「関係性」という組織のソフトな側面にも光を当てて変革に取り組むアプローチです。組織の中の「人」や「関係性」の側面（モチベーションやコミュニケーション、協働性や関係性、組織の風土や文化など）は、人々の意識や行動によって刻々と変化していきます。人がより健康になるために、また、自分の体調や体重をマネジメントするためには、その人自身が自分の健康について問題意識をもち、日頃から意識や行動を改善する必要があります。

それと同じように組織でも、効果的で健全な関係性が育まれるためには人々の意識や行動が変わることが重要で、そのための持続した長期的な取り組みが必要になります。組織開発は、漢方薬による治療や生活習慣の改善による組織の体質改善のようなものです。

バブル経済崩壊後の「失われた10年」の間は、短期間で会社を立て直す必要があり、即効性があるハードな側面の変革が優先されました。この時期に日本企業が重視した、短期間で成果を得るという効率性重視の考え方は現在も根強く存在していると思われます。そして今でも、ハードな側面の変革を重視して、長期的な体質改善を軽視している経営者の方は多いのではないでしょうか。

では、「人」や「関係性」というソフトな側面の体質改善はなぜ必要なのでしょうか。次節では、今、なぜ組織開発が脚光を浴びているのか、その理由が日本の組織の現代的課題から浮かび上がってくることに着目していきます。

1－2　日本の組織の現代的課題

①活き活きとできない社員

職場生活の満足度

私は大学に勤めているので、必然的に大学生と関わる時間が多くなります。学生たちは卒業する際、そろって社会人になることへの不安を口にします。また、実際に社会人になって働き始めると、仕事や会社はほんとうに大変だと言う人たちも多くいます。

「仕事は大変、お金を稼ぐことは大変」というのは当然のことかもしれませんが、日本の場合、そのように考える人の割合が他国に比べて高いのが特徴です。そのことは実際にデータが示しています。

まず、職場生活に対する満足度を見てみましょう。２００７年に調査が行われた第8回世界青年意識調査で、18歳から24歳の青年に対して5ヶ国で同じ質問をする調査が行われました（図2）。

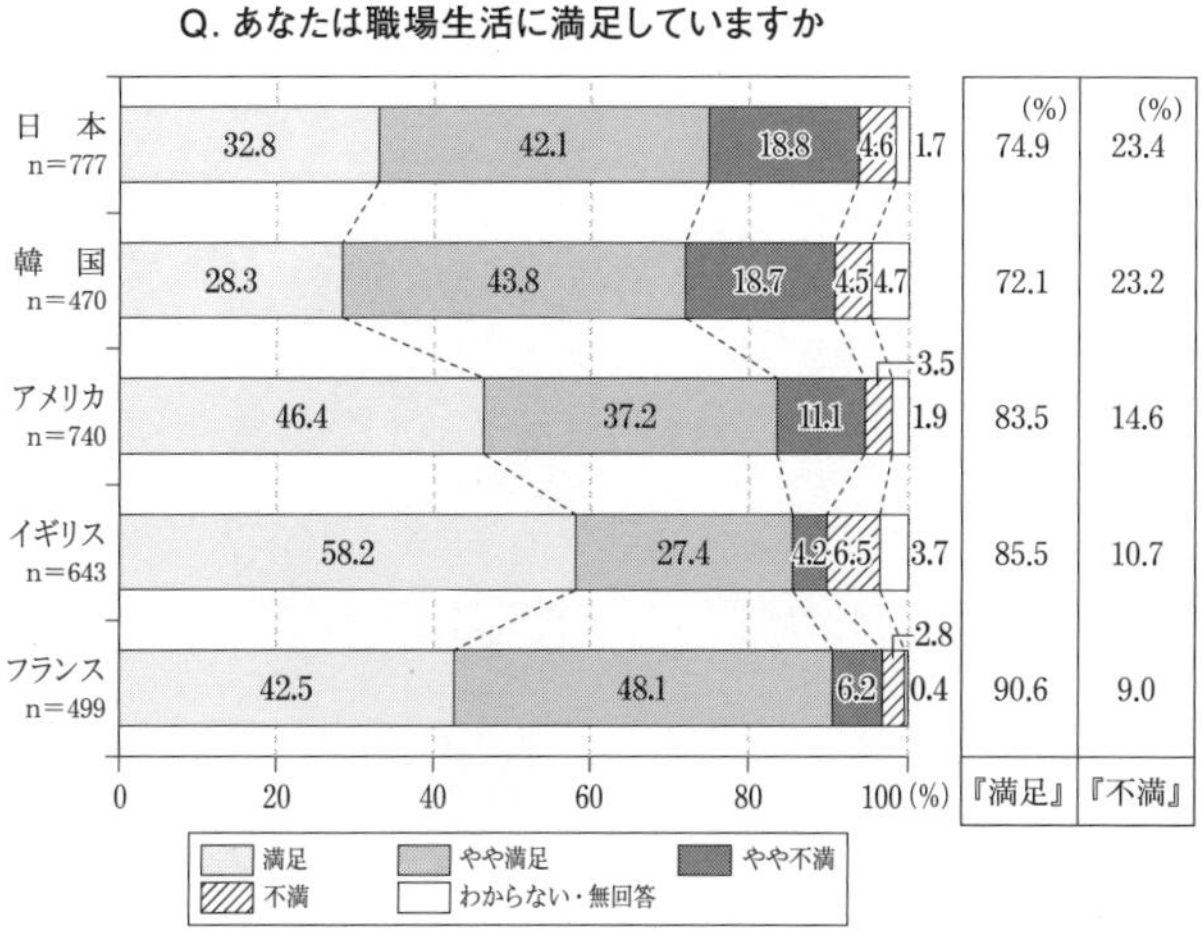

出典：第８回世界青年意識調査

図２　職場生活の満足度

その中で、仕事をしている人に対して「あなたは職場生活に満足していますか」という質問をしたところ、日本の青年は「満足」と答えた割合が32・8％、「やや満足」と答えた割合が42・1％でした（「満足」と「やや満足」を足すと合計74・9％）。

一方、アメリカの青年は「満足」が46・4％、「やや満足」が37・2％（合計83・5％）、イギリスは「満足」が58・2％、「やや満足」が27・4％（合計85・5％）で、職場生活に満足している人の割合は、欧米に比べて日本の青年は低いという結果が出ました。

別の調査結果も見てみましょう。平成

悩みやストレスの有無別構成割合（12歳以上）

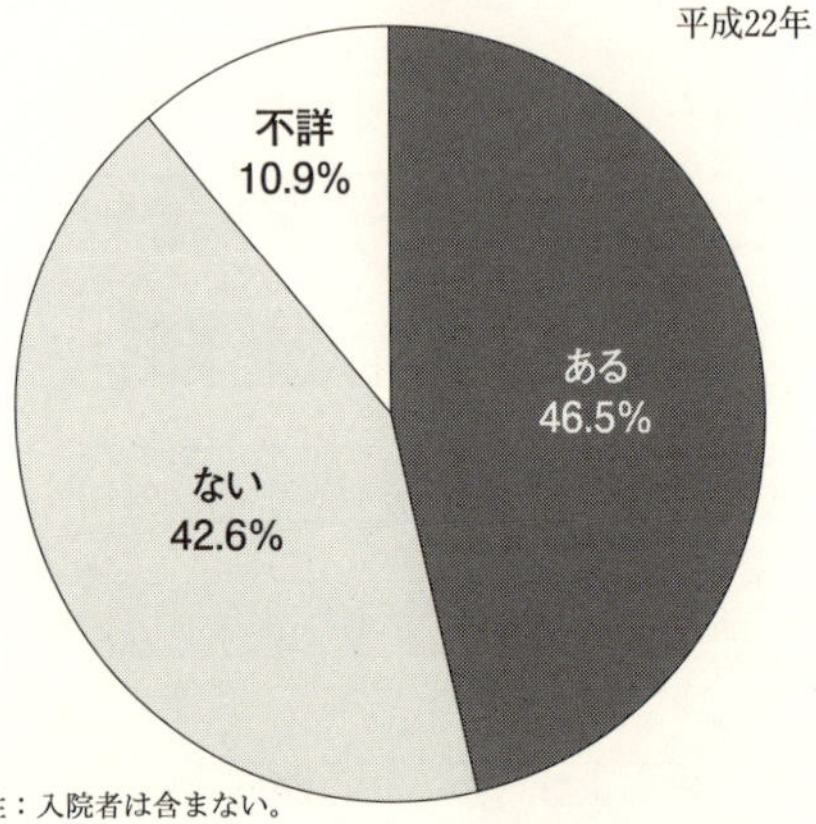

注：入院者は含まない。

悩みやストレスの原因が「仕事」と答えた人の性・年齢階級別の割合

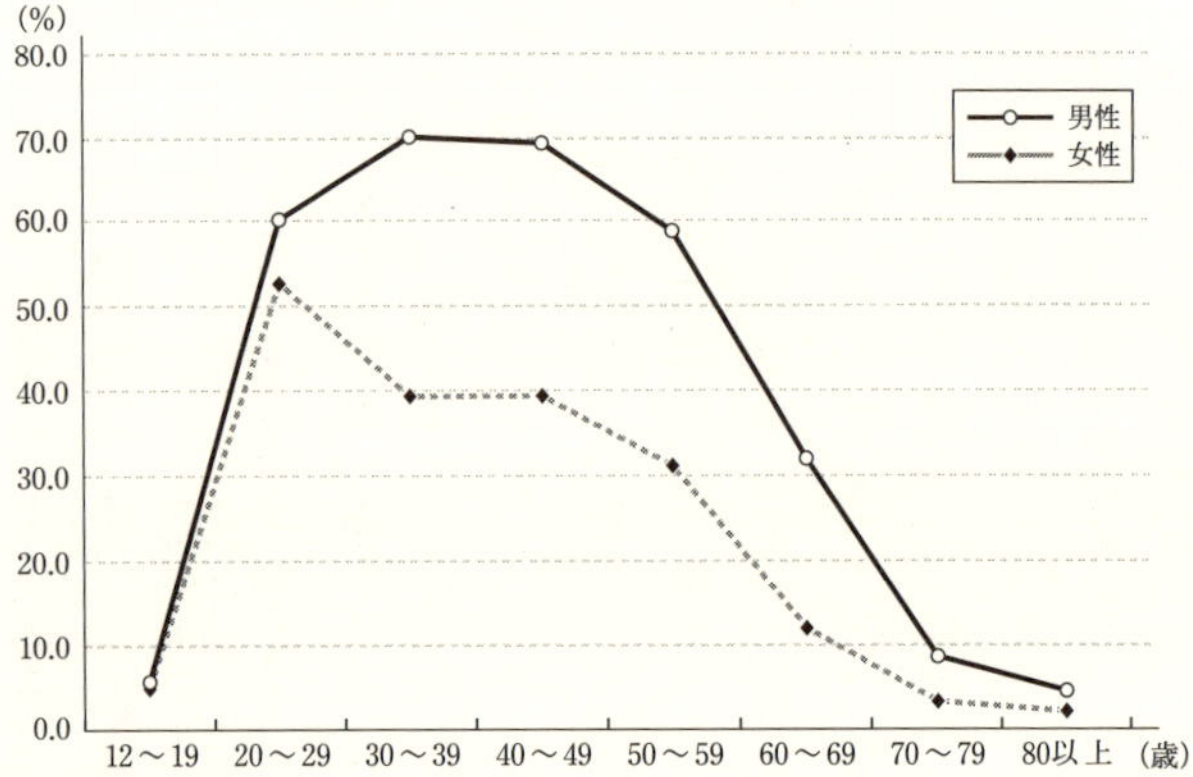

出典：平成22年国民生活基礎調査

図3　悩みやストレスの有無と仕事が原因と答えた人の割合

22年に厚生労働省が行った国民生活基礎調査（図3）では、20代から50代で、悩みやストレスがあると答えた人は約半数を占めました。その原因として最も多く挙げられたのが「仕事」で、悩みやストレスがあると答えた20代から50代の男性の約6割から7割、そして、20代の女性の5割強を占めました。これらの調査結果から、仕事にストレスを感じ、仕事に活き活きと携わることができない日本企業の社員の姿が浮かび上がってきます。

外発的動機づけと内発的動機づけ

ストレスを感じながら、大変だと思いながら仕事をして、いい仕事ができるでしょうか。もちろん、大きなストレスを抱え込みながらではなく、活き活きと、創造的に仕事をした方がいい仕事ができるはずです。

それだけではありません。ストレスを感じながら仕事をするか、活き活きと仕事をするかは、職場の人間関係にも影響します。職場の多くの人がストレスを感じながら仕事をしていれば、職場自体が重い雰囲気に包まれるでしょう。するとストレスはさらに増大し、職場の閉塞《へいそく》感は高まります。一方、1人ひとりの社員が活き活きとしていれば、職場も活性化し、元気で明るい雰囲気が醸成されていきます。

また、いい仕事ができる時は、仕事に対するやる気やモチベーションが高い場合が多いのは言うまでもありません。

このモチベーション（動機づけ）ですが、心理学では、「外発的動機づけ」と「内発的動機づけ」に分けています。外発的動機づけとは、報酬や罰などの外的な要因があることで動機づけが高まる場合を指します。一方の内発的動機づけとは、報酬や罰などの外的な要因がなくても動機づけが高まる場合、つまり、やること自体に動機づけが高まる場合を指します。

営業に携わる人たちが、ある基準の成果が出せないと給料が減ることや、個人の成績がいいと給料が上がることは、外発的動機づけに当てはまります。この、「アメとムチ」が、外発的動機づけによるマネジメントです。

経済が右肩上がりの時代であれば、成績がよい人の給料をどんどん上げることができるかもしれません。しかし、現代のような経済が停滞している時代には、それも難しいでしょう。また、直接的に利益を生み出さない経理や人事、総務などの管理部門は、客観的に目に見える成績によって給与を上げるという、外発的動機づけによるマネジメントは難しくなります。

それでも、年間の目標を立てて、その結果を上司が評価し、給与や昇格に反映させるという評価制度が実施されているケースは多いと思われます。

ところが、こうした仕組みには大きな問題があります。外発的動機づけの理論で考えると、上司の評価が外的報酬につながる仕組みは、上司に気に入られるように仕事をするというスタイルにつながります。そして、このスタイルでは、社員は自ら主体的に考えて行動するよりも、上司の意向をくみ取って上司の指示通りに動くような状態、すなわち受け身の状態になっていきます。

誤解しないでいただきたいのですが、外発的動機づけを否定しているわけではありません。事実、個人戦で勝ち続けることができる強い人たちは、外発的動機づけを高めるマネジメントによっていい仕事をしていくことが多いと思われます。

一方、仕事自体が楽しくなったり、お客様や社会に貢献できることに価値を見出《みいだ》したり、自分自身が新しい何かをできるようになることにチャレンジできたり、そのような内発的動機づけによっていい仕事ができる人も多いでしょう。

たとえば、サービス業でお客様に対してすばらしいサービスがなされている企業は、個々の社員の内発的動機づけによるところが大きいのが特徴です。

長野市の中央タクシーを一例として挙げてみましょう。中央タクシーでは、「お客様が先、利益は後」という経営理念から、ドライバー１人ひとりが真心のあるサービスを心がけ、実行しています。ドライバーは雨の日は傘をさしてお客さんを迎え、重い荷物は玄関まで運び、短い距離でも喜んでお客さんを乗せるなど、個々の高い内発的動機づけによって、顧客に対してまるで身内のように接するサービスを行っています。

人は、「させられる」ことによっては活き活きとせず、その人の力や潜在力も発揮されません。自らがやりたいと感じた時に活き活きとし、その人らしさや潜在力が発揮されていきます。

しかし、ここで、もう一つ気をつけなければならないことがあります。それは、人が自ら仕事をやりたいと感じ、内発的動機づけを高めるためには、仕事の意味が腹落ちすることが必要だということです。何のためにやっているかがわからない仕事は、内発的動機づけを高めることには決してなりません。誰に対してどのような価値を提供するために仕事をしているのか、という、仕事の意味を見出し、それが腹落ちすることが、仕事への内発的動機づけが高まる必要条件の一つだと考えられます。

社員の主体性と受動性

ここまで、社員の仕事への動機づけについて、外発的動機づけと内発的動機づけの観点から考えてきました。次に、社員の主体性と受動性について考えていきます。外発的動機づけ・内発的動機づけと、主体性・受動性の関係は単純ではありません。

たとえば、「営業部の社員が外発的動機づけを高めて仕事をする」といったケースでも、よい営業成績を達成するために主体的に行動するケースと、上司から高い評価を得る（または、上司から叱られない）ために受動的に行動する場合があります。

つまり、社員の主体性と受動性を考える際には、誰に対して主体的なのか、受動的なのかを考える必要が出てきます。特に、上司や経営層に対して、部下や社員が主体的に考え行動しているか、指示待ちで受け身であるか、という関係性の問題が重要になります。

1980年代までのような、環境の変化が比較的小さく、製品やサービスの寿命が長く、大量生産が行われていた時代には、経営層や上司が指示を出し、社員や部下は指示に従って行動するという、上意下達のマネジメントが適していたと考えられます。しかし現代は、環境の変化が激しく、製品やサービスの寿命が短く、顧客の選択肢が増えて顧客満足が重視され、加えてグローバルな競合が激しい時代です。

このような変化や競争が大きい時代には、環境の変化や顧客のニーズに対応できるように、現場の社員が主体的に考え行動することが求められます。しかし、このような時代の変化に対して、上司の考え方が旧態依然としているケースが多々あります。上司の世代は、自分たちが部下だった頃に上司から指示されて動いてきた経験から、指示することによって部下を動かすマネジメント観をもつ人々が多いのです。

X理論とY理論

前述した、組織開発の有名な研究者であるダグラス・マグレガーは、マネージャーは自らの経験からマネジメント観を形成すると考え、マネージャーがもつマネジメント観を二つに大別し、X理論とY理論と名付けました。

ちなみに、神戸大学の金井壽宏氏は「理論」と訳すよりも、マネージャーが自らの経験から蓄積する「持論」と訳した方が日本語の語感に合うと言われています。それを聞いて私も「なるほど」と思いました。本書では、「X理論」「Y理論」と表記していきますが、「持論」の方がイメージしやすいという方はそのように読み替えてください。

「X理論」をもつマネージャーは、人は生まれつき仕事が嫌い、したがって人には命令と監督が必要で、目標に達しない場合は罰則を与えることが必要だと考えます。一方、「Y理論」をもつマネージャーは、人は自ら実現したい目標のためには自己統制を発揮し、個人と企業の目標が一致すれば、人は自発的に自分の能力を高め、創意工夫をし、自発的に行動すると考えます。

つまり、X理論をもつマネージャーは指示命令的で、その結果、部下は受動的になりやすくなります。他方、Y理論をもつマネージャーは部下に適切な目標と責任を与え、部下の力を引き出すような関わり方をし、その結果、部下は主体的になっていきます。

現代の日本企業が抱える問題は、今の50代以上の上司の入社時が30年以上も前で、上意下達で育ってきた世代だということです。つまり、上司の世代にはX理論のマネジメント観をもつ人たちが多いと考えられます。現場の社員は主体的に考えて動くことが必要とされているのに、上司は自らの経験からX理論をもっていて、それが若い社員の主体性を育むことを阻んでいる、という現状です。

どんなチームや職場、組織をつくっていきたいか、ということには、経営層や上司のマネジメント観が密接に関係してきます。若い社員が活き活きと主体的に考えて動くためには、経営層や上司のマネジメント観や意識、関わり方も変化する必要があります。

ちなみに、コーチングもファシリテーションも、社員やチームの主体性を育み、活性化することを狙っています。コーチングやファシリテーションをマネージャーやリーダーが学ぶ場合は、手法やスキルだけではなく、自らのマネジメント観や価値観も点検する必要があります。マネージャーやリーダーがX理論というマネジメント観をもち続けながら、手法としてコーチングのスキルを実施したとしても、部下に見透かされるのがオチでしょう。

②利益偏重主義

上司は意味やストーリーを語っているか

企業である限り、利益を追求するのは自然なことです。しかし、利益という経済的な価値のみを追求し優先するのか、他の価値も追求した結果として利益が上がることを想定するのか、この点が企業にとって重要な要素となります。テレビ東京の番組「カンブリア宮殿」では多くの優れた経営者が登場していますが、番組に登場する経営者の共通点に、利益を最優先にするのではなく、顧客の満足などを優先していることを司会の村上龍氏は挙げています。

ところが、多くの日本企業では、利益や業績といった経済的価値のみが優先され、会議では売り上げや利益などの数値について話されることが多いのではないでしょうか。また、利益を生み出すためのコスト削減や効率化、特に人件費の削減による影響が社員に圧し掛かっているのではないでしょうか。

皆さんの職場の会議ではどんなことが話されていますか。「今年の売り上げの目標は○円だ、今月は○円の売り上げで、まだ○円足りない」というように、会議で数値だけが話されることが多くはないでしょうか。会議で数値が話されることが多いという傾向は、特に営業部門やサービス業で顕著だと思います。「会社は利益を上げることが目的だから、会議で利益という数値が話されることは自然だ」と考えた読者の方は、経済的な価値を優先する価値観の持ち主だといえるでしょう。

実際、会社の戦略のもと、部門や部署が達成すべき数値目標は上から降りてきて、それが個人に割り振られ、個人の数値目標を達成するために日々働いているという人がほとんどではないでしょうか。そして、数値を達成できれば評価され、達成できなければ評価されません。こうした、数値目標が至上命題の企業では、次に降りてくる数値目標はもっと高くなるケースが多く、社員は馬車馬のように走り続けなければなりません。

この、部門や部署の数値目標というのは、経営層か経営企画から降りてくることが多いと思います。しかし、部署に降りてきた数値目標について、上司はその意味を伝えているでしょうか。事業を展開することが誰にどのような価値をもたらし、社会や顧客にとってどのような意味があり、どのように取り組まれることによってその数値目標を達成していくのか、という意味やストーリーを上司は語っているでしょうか。

経営層が意味やストーリーを語っていなければ、中間管理職である上司は部下に対してそれらを語ることは難しくなります。「意味とかつべこべ言ってないで、降りてきた数値を達成して利益を上げるしかない」と反射的に感じた読者の方は、まさに経済的な価値観を重視する持ち主で、人間的な価値観を軽視しているといえます。

「認知的ケチ」

上司が数値目標を伝え、部下に結果の数値を報告させ、上司が叱咤激励をする、というコミュニケーションはなぜ行われやすいのでしょうか。それは、数値は明快で客観的、説得性があるので、マネジメントも楽になるからです。

心理学では「認知的ケチ（認知的倹約家）」と呼ばれる現象が起こることが知られています。これは、人が何らかの認知や情報処理をしようとする場合、複雑で難しい認知的処理よりも、エネルギーをかけずに単純で簡単な認知的処理と判断を行う傾向がある、という現象を指します。数値によるマネジメントは楽で反論が起きにくく、議論も必要がないので、「認知的ケチ」に最適な方略です。

私たちは自らの経験に基づいた、見方や考え方の枠組みをもっています。上司の役割は数値目標を明示して、部下にそれをさせること、という見方をもっている人は、自分自身の上司からもそのような関わり方を受けてきて、それが自然な上司の役割と捉えていることでしょう。この捉え方は前述した「X理論」そのものです。

このような、数値しか語らない、数値の結果しか見ない上司を部下は信頼することができるでしょうか。一緒に仕事をしたいと感じるでしょうか。数値だけを指示してその達成を求めること、数値しか語られないコミュニケーションや関係性は、私にとっては、人を道具にしているように感じられます。人間の「非人間化」が進んだ状態でしょう。

人間は意思や感情をもっています。仕事の意味を考えて腹落ちすることで内発的動機づけが高まり、その仕事に活き活きと取り組むことができるようになります。しかし、数値中心のマネジメントは、社員が仕事の意味を考えたり、何のためにということを語り合ったりする機会をなくすので、社員の仕事に対する内発的動機づけを高めることはありません。こうしたマネジメントでは、数値を達成するために目の前のことをこなすという仕事の仕方につながっていきます。

「目の前のことをこなす」という短期的視点での仕事の仕方の弊害は他にもあります。長期的な視点からの改善や、自分自身や若手の成長を考えることを難しくさせるのです。実際、直近の数値目標の達成が重視され、短期的視点で仕事がなされている組織では、長期的視点に立った人材育成や組織づくりが後手に回っている場合が多く見受けられます。

バブル経済崩壊以降、多くの企業では人件費の削減を余儀なくされました。そして、ルーティン作業や事務的な仕事は派遣社員に、あるいは、委託契約によって外注するようになり、正社員の人数が削減されました。その結果、正社員1人あたりの仕事が増えて高度化し、多忙化したといわれています。

人件費削減も経済的な価値を優先しての判断ですが、仕事の高度化と多忙化は社員の疲弊化をもたらしました。これは、経済的な価値（エコノミックな価値）と人間尊重の価値（ヒューマニスティックな価値）が対立する状況です。このような価値の対立は組織のマネジメントでも、人間関係でもよく起こります。

しかし、組織は人で成り立っています。どちらも重要であることに変わりありません。「こっち」とはっきりと言える人は、どちらかの価値からのみ判断し、いろいろと考えずに割り切ってしまっている（一方を切り離してしまっている）人なのでしょう。

それと同じで、会社組織にとっては、利益も人もどちらも大切なものです。経済的な価値を優先して、人々（社員）への影響について考えることをやめるのは、労力を使わずに判断する「認知的ケチ」の現象が起こっている状態だといえるでしょう。

成功している中小企業に共通するもの

組織開発では、このように価値や考え方が対立する場合、一方を優先して他方を無視するのではなく、それらの同時最適解を探ることが大切だという考え方があります。同時最適解を探るというのは複雑な認知過程であり、エネルギーや労力が必要とされます。

坂本光司氏著『日本でいちばん大切にしたい会社』（あさ出版）やテレビ東京「カンブリア宮殿」などでは、成功している中小企業が紹介されています。たとえば、前に触れた長野市の中央タクシーの他、長野県伊那市の伊那食品工業、岐阜県輪之内町の未来工業、愛知県豊橋市の樹研工業、神奈川県川崎市の日本理化学工業、高知市のネッツトヨタ南国などです。

これらの会社に共通するのは、顧客を大切にし、社員を大切にする経営者の姿勢で、性善説に基づいた経営です。

長野市の中央タクシーの理念は「お客様が先、利益は後」です。徹底した顧客第一主義は、

「待ってでも中央タクシーに乗る」という熱烈なファンを増やしています。伊那食品工業は「会社は社員を幸せにするためにある」という塚越会長の信念によって経営が行われ、利益を上げることだけを目指さないこと、無理に会社を大きくしないことが大切にされています（塚越寛氏著『リストラなしの「年輪経営」』光文社）。

利益という経済的な価値だけを優先せず、性善説（前述したY理論）に基づきながら社員や顧客視点を大切にし、他社とは差別化した製品やサービスで結果として利益を生み出す――。そのような企業は日本にも存在しています。

もちろん、これらの企業と同じことをすれば成功する、というものではないでしょう。しかし、明らかなのは、経済的価値のみを追求する利益偏重主義は、社員の主体性や内発的動機づけを低め、社員を疲弊させ、結果的には長期的な利益を生み出す組織体質ではなくなっていくということです。

③個業化する仕事の仕方

仕事の個業化とは、ある仕事がある個人に割り当てられ、その仕事を1人ですることです。

以前に比べて現代は、仕事の個業化が進んでいると感じる方も多いのではないでしょうか。仕事が団体戦ではなく、個人戦になってきているといえるでしょう。では、どのような場面でどのような影響によって仕事の個業化が進んでいるのでしょうか。ここでは、それによって組織内の関係性にどのような影響があるのかを考えていきます。

IT化による仕事の個業化

仕事の個業化が進んだ一つ目の要因はIT化です。IT化は、パソコンに1人で向かって作業する時間を増やしました。これは、個人の作業中に他の人が手を出しにくくなる状態を生み出しました。

メールやファイル管理などの普及によって情報の共有が便利になったことは歓迎すべきことです。しかし、パソコンの普及によって同じ職場にいる人ともメールでやりとりするという関係性も生まれています。

メールでのコミュニケーションは対面や電話でのコミュニケーションとは異なります。対面や電話はやりとりが同時で双方向で起こる「同時性コミュニケーション」であるのに対して、メールは送った瞬間には一方向でやりとりに時差が生じる「非同時性コミュニケーション」です。相手を邪魔しないという意味では、非同時性コミュニケーションであるメールは便利です。また、一度に多くの情報を送ることができ、情報の共有や報告には向いています。

ところが、非同時性コミュニケーションには短所があります。すぐに反応が欲しい時にそれがもらえない、対話のような双発的なやりとりにならない、誤解や感情的な葛藤《かっとう》が生じてもその場で修正できない、などです。

1人でパソコンに向き合い、職場や会社内の人とメールでコミュニケーションをするという個業化した仕事の仕方は、情報の共有はできますが、困った時に相談したり、お互いにサポートし助け合ったり、協働して問題を解決するということを難しくさせます。

「そんな大げさな、困った時はその場で聞けばいいのでは?」と感じる読者の方も多いでしょう。しかし、仕事の進め方の癖や職場の風土はその職場職場で異なり、パターン化しています。

ワイワイガヤガヤとしている職場ではちょっとしたことでも尋ねやすい雰囲気があるでしょう。しかし、1人ひとりがパソコンに向かって黙々と仕事をしている職場では、ちょっとしたことでも気軽に声に出すのは難しく、誰かに話したりするよりは自分で解決しようとする傾向が生まれます。これが仕事の個業化の悪循環で、他の人に頼ったり頼られたりせずに、仕事を自分だけで抱えるようになっていきます。

誰がどれくらいの仕事を抱えていて、どれくらい大変かが職場で共有されず、個人が過重な仕事を抱えながら必死にこなし、上司や他のメンバーからのサポートがない状態が続くと、うつなどのメンタルヘルスの問題も起こりやすくなります。

個業化が加速される背景

仕事の中には、基本的に１人で行わなければならないことが多くあります。たとえば、１対１で顧客とやりとりする営業職、１人で何らかの製品やプログラムを開発する開発職、教室の中で１人で教える教職（教員）などです。

このような業務でも、他の人と協働することは可能です。たとえば、営業社員同士が情報交換をする、新しい知識やサービスをともに学ぶ、といったようにです。前述したネッツトヨタ南国では、営業社員による朝礼が１２０分と長く、顧客についての情報をていねいに共有するとともに、契約が成立した秘訣をともに学び合うそうです。

ところが、１人で行う業務がさらに個業化されていく環境を備えているのが現在です。その背景には、成果主義、特に個人の業績に対して報酬が決まる成果主義の問題があります。

家電量販店や自動車ディーラーなど、個人の売り上げによって給与が決まる成果主義の仕組みは、営業社員の販売へのモチベーションは高まりますが、他の営業社員はライバルとなるため、情報交換や互いのサポート、ともに学び合うことは少なくなります。

こうした状況は、個業化にさらなる拍車をかけます。こうなると、同じ販売店であっても各自が個人戦をしている関係性になります。これでは、若い社員に教えて育てたり、お互いにサポートしたり、ともに学んだりするなどの協働性は育まれません。その販売店は団体戦ができない職場の風土や体質になっていき、組織としての強さや健全性が失われていきます。

個業化と職場のコミュニケーション

個業化している職場では、隣の人が今、どんな業務に携わっているかがわかりません。しかし、上司は部下の業務を監督し、部下は上司に報告をする責任があります。したがって、少なくとも上司と部下の間で最低限の情報共有やコミュニケーションは起きます（そのコミュニケーションも、基本的には伝達型や報告型になることが多いでしょう）。その反面、メンバー間（部下同士）では情報共有やサポートが行われにくい関係性が生まれてしまいます（図4−1）。

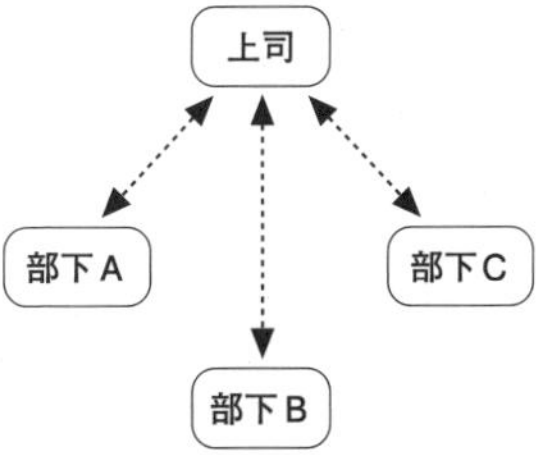

（指示や報告のみ上司－部下間にある）
図４-１　個業的な関係性の職場

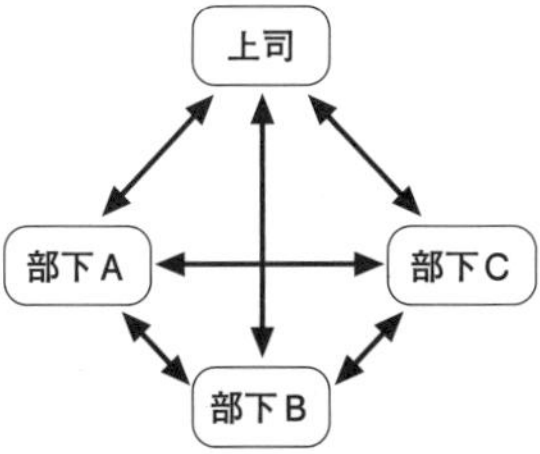

図４-２　協働的な関係性の職場

このような個業化している職場では、問い合わせの電話がかかってきた際に担当者が不在の場合、「現在、担当者が不在です。折り返し、担当者から電話致します」と答えることになるケースが増えるでしょう。そして、それが当然という風土になっていきます。

一方、仕事が個業化しておらず、複数のメンバーがともに業務に携わったり、情報がメンバー間で共有されたりしている関係性がある職場は、部下同士の間でもコミュニケーションが起きやすく、お互いに仕事の相談をし、技術的または心理的なサポートをし合い、補完し合ったり助け合ったりということが起こります（図４－２）。

このような職場では、協働的な関係性が育まれるような仕組みがあることが多いのが特徴です。

たとえば、外部からの問い合わせに対してメンバー全員がある程度答えることができるようにする、他の人の仕事をフォローする担当が割り当てられている、仕事の負担があるメンバーに偏り、そのメンバーの負担が大きくなった場合に他のメンバーが補完しサポートする、などです。

「個業化する会議」

読者の皆さんは、ご自分の職場の会議やミーティングが好きでしょうか。それとも嫌いでしょうか。自由に意見が言え、新鮮な意見や情報が聞け、創造的なアイデアが生まれるような活き活きとした会議やミーティングは楽しいものです。そのような会議やミーティングは、メンバー間の協働性や双発性が育まれる場になる可能性があります。

ところが、多くの会議は、協働性や双発性が高まるようなコミュニケーションは起きず、マネージャーの指示や考えを聞くだけ、または、他のメンバーの報告を聞くだけの場になっています。このような、聞く時間が多い報告型の会議では、頭も活性化せず、双発的なコミュニケーションや創造的なアイデアも生まれません。チームとしての学習も生じません。1人ひとりがそこにいるだけの「個業化する会議」です。

最近、会議を短くすることを推奨する企業が多く、その傾向も個業化に拍車をかけています。もちろん、会議やミーティングを長く行えばよいというものではありません。しかし、会議やミーティングという対面の場で、同時性コミュニケーションを行うことでしか生まれないものが三つあります。それは、①創造的思考、②チーム学習、③将来のビジョンや目標の合意、です。

①の創造的思考は複数の人々と対話することで生まれます。1人で考えても思いつかないような斬新なアイデアは、多くの人とともに自由な雰囲気の中で対話することを通して生まれることが多々あります。

創造的思考が生まれるコミュニケーションを阻害する一つの要因は、マネージャーのスタイルです。指示伝達型のマネージャーは、自分が考えたアイデアを会議でメンバーに伝え、それを実行するように指示します。この形のコミュニケーションでは、マネージャーのアイデアを超える考えは生まれず、部下は創造的なアイデアを自ら考えるよりも、マネージャーの意向に沿う姿勢になっていきます。

世の中が安定していて、作れば売れた大量生産の時代であれば、経験豊かなマネージャーが最も正しい答えをもてたので、指示伝達型のスタイルも有効でした。しかし、現代は不安定要素や変化が大きく、競争が激しい時代です。したがって、マネージャーさえも経験したことがない環境や状況に置かれていることになります。マネージャーが正しい答えをもっているとは限らず、部下とともに思考し、他社との競争で優位に立てるような、創造的で斬新なアイデアを生み出す会議やミーティングが必要とされています。

②のチーム学習は、マネージャーやメンバーがチームとして学んでいくことです。仕事上の内容や課題について学ぶとともに、業務の進め方や仕事の仕方、会議やミーティングの進め方やお互いのコミュニケーションの仕方（創造的思考をするためにはどのように話し合えばよいかを含めて）を学んでいきます。つまり、会議やミーティングの場が学習の場になっていくわけです。ちなみに、話されている内容（仕事上の内容や課題）について学ぶことは「シングルループ学習」、その内容を話す過程で仕事の仕方や話し合いの進め方を学ぶことは「ダブルループ学習」と呼ばれています。このようなチーム学習は、報告型のコミュニケーションでは起こらず、双発的な対話がなされる場で起こります。

③の将来のビジョンや目標の合意については、前提の説明が必要です。まず、多くの会議やミーティングでは、短期的視点から目の前のこと（特に結果や数値とその対策）について話されることが多く、長期的視点から組織について語られること（特に戦略実行、人材育成、強い組織をつくるための関係構築など）は少ないと私は考えています。

特に、多忙化し、効率性が求められ、会議やミーティングの時間を短くしようとすればするほど、短期的視点から問題対処について話されることが多くなります。そして、将来のビジョンや目標は、前述したように、上から数値目標の形で伝達されることが多く、部下だけではなく、リーダーさえも将来のビジョンや目標を意味づけし、腹落ちさせることが難しいという現状があると私は考えています。

しかし、職場のメンバーが個業化せず、団体戦として協働していくには共通のビジョンや目標が必要で、しかも、共通の目標が意味づけられ腹落ちしていることが重要です。共通の目標について話し合い、可能ならばともに目指す目標を自分たちで決定することを通して（もちろん、上から降りてきた数値目標を無視するわけではなく、その数値目標の達成と矛盾しない方向で、何を優先するか、どのように行動していくかという共通の目標を自分たちで合意していくことで）、共通の目標を達成することへの内発的動機づけが高まり、ともに協働するチームになっていくことが可能となります。そして、このような共通のビジョンや目標を合意するためには、メンバー全員での対面のコミュニケーションの場が必要となります。

あなたの職場は個業的な関係性になっているでしょうか。それとも、協働的な関係性になっているでしょうか。

先に述べたように、現代は個業化が進む環境要因が多いので、関係性に対するマネジメントを何もしなければ、自然に個業化へと向かっていきます。そして、職場が個業的な関係になっているか、協働的な関係になっているかは、会社の風土や、職場のマネージャーのスタイルや姿勢が大きく影響します。そして、個業化した状態で個人の容量を超えた仕事をこなす状態が長期的に続き、上司や他のメンバーからの心理的サポートを受けることができない場合、うつなどのメンタルヘルスの問題が起こる可能性が高まります。

他方、組織開発の取り組みを行うとメンタルヘルスの問題の発症率が低下するといわれていますが、その一つの要因は、個業化した関係性から、お互いにサポートし合える協働的な関係性に変化していくからだと考えられます。

④ 多様性の増大

推進されるダイバーシティ

終身雇用制度が定着していた１９８０年代までは、日本の企業は社員同士の家族的な関係が強みとされていました。男性正社員が中心で、年齢は違えど国籍や性別は同じ、仕事観や人生観、ワークモチベーションなどの同質性も高い状態でした。つまり、組織の構成員の同質性が高かったといえます。

組織開発はアメリカで誕生して発展してきましたが、組織開発が必要とされたのは、アメリカが多民族国家であり、人種、民族、言語、性別、宗教、価値観、パーソナリティなどにおいて異なる人々がともに働くことの難しさを抱えていたからです。

グループや組織の中に、違いがある、さまざまな人々がいることは「多様性（ダイバーシティ）」と呼ばれます。また、多様な人々がお互いの違いを活かし、ともに効果的に働くことができるように対処していくことは「ダイバーシティ・マネジメント」と呼ばれています。さらに、異なる人々を理解し、ともに働くことができる力を養うトレーニングは「ダイバーシティ・トレーニング」と呼ばれています。ダイバーシティ・マネジメントやダイバーシティ・トレーニングは、アメリカの組織開発の歴史の中で重要なテーマです。

１９８０年代までの日本の組織は同質性が高く、ダイバーシティの発想は必要ありませんでした。しかし近年では、経済産業省が率先してダイバーシティ推進の施策を行っていることからもわかるように、ダイバーシティという言葉は日本の企業でもかなり浸透しています。

しかし、日本では「ダイバーシティ＝女性の活用」と捉えられがちな点に問題があります。

先に述べたように、ダイバーシティは性別だけではなく、人種、民族、言語、宗教、障害、価値観、パーソナリティなど、さまざまな違いを含んでいます。そして、現代の日本の組織で、ダイバーシティの観点から大きな問題になりつつあるのが、雇用形態と価値観（生き方や仕事観）でしょう。

モザイク職場の留意点

最近では、全員が正社員で構成されている職場はめったにないでしょう。正社員、契約社員、嘱託社員、派遣社員、業務委託、パート、アルバイトなど、職場はさまざまな雇用形態の人々によって構成されています。限定正社員制度が導入されれば、さらに雇用形態の多様性は増していきます。

このようなさまざまな雇用形態の人々で構成されている職場は「モザイク職場」と呼ばれています。モザイク職場が生まれたのは人件費削減が主な理由ですが、さまざまな雇用形態の人々で職場のメンバーが構成されることによって、職場の中のダイバーシティ度が高まります。

たとえば、仕事に求めているものの違い、会社への帰属意識の違い、公正の問題（派遣社員の方がより仕事ができるのに給料が安いなど）、職務や役割の境界に関する問題（業務の負担を調整する場合に雇用時の契約によって新たな仕事を依頼しにくいなど）、雇用時の契約雇用形態の違いを意識しすぎることによる遠慮や行き違い、などです。違いによって葛藤が生じて関係性が悪い職場になっていくのではなく、違いを活かして効果的な職場にしていくためには、コミュニケーション力やマネジメント力が必要になってきます。

たとえば、２００８年１月の日本経済新聞には、モザイク職場での関わり方の留意点として、お互いを名前で呼び合う、誤った優越感をもたない、気持ちを言葉で表す、などが挙げられていました。このように、違いが弊害になるのではなく、違いを活かしたチームづくりのためには、コミュニケーションの仕方や関わり方という人間的側面が重要になってきます。

働くことの価値観が異なる社会

１９８０年代までは、男性は入社した会社で退職するまで働き、女性は結婚または出産の際に退社して家庭に入る、という生き方が主流でした。終身雇用制度のもとで、多くの男性社員は会社への忠誠を尽くし、時に家庭を顧みないほど仕事へのモチベーションが高く、一生の関わりになる可能性が高い、社員同士の関係を大切にしていました。つまり、働くことへの価値観が共通していた時代でした。

しかし現代では、終身雇用と年功序列の給与制度を採用する日本企業は減り、人材の流動化によって、会社に対する帰属意識が低い人々が増えました。自分自身のプライベートな時間や家庭を大切にする人も増え、何のために働くのかという仕事観や、仕事に対する動機づけ（ワークモチベーション）も人によって異なっています。

そして最近、子どもたちのコミュニケーション力の低下が指摘されています。メールやSNS（LINEなどのソーシャル・ネットワーク・サービス）によるコミュニケーションが増え、対面でのコミュニケーションが減っています。対面でのコミュニケーションが減ることによって、非言語的なサインを読み取る力（他者の気持ちを感じる力）が弱まる、という研究結果もあります。また、現代の若者の特徴として、他者への関心の希薄化、人間関係を形成する力の低さ、自尊感情の低さなどが指摘されています。

こうした背景を考えると、今後、社会人として日本の組織に入ってくる若い世代は、コミュニケーション力が低く、他者への関心が薄く、他の人との協働が難しい人たちが増えていく可能性があります。

コミュニケーションや人間関係の形成が苦手な人たちは、他の人たちと協働することが難しく、個業的な関係性、または、他の人たちと競争的な関係性になりやすくなります。ということは、多様な人々がともに働き、協働することが可能となるような働きかけやマネジメントの必要性は、今後さらに高まってくると予想されるということです。

これからの時代の経営課題

これまで述べてきたように、雇用形態や仕事観などが多様になり、1980年代までの日本の職場における同質性の高さとは全く異なる状況が生まれ、異質性や多様性が高くなっているのが現代です。また、いくつかの大企業が外国人の採用に積極的であることからもわかるように、今後、外国人の労働者が増え、職場や組織のダイバーシティ度はさらに高くなっていくでしょう。日本人同士でも、価値観や仕事観、人間関係観がさらに多様化していきます。

このように多様な人々がともに働く職場のマネジメントは、かつての日本人マネージャーが経験したことがないものであり、職場における関係性のマネジメントが難しい時代になったといえます。

先に述べたように、マグレガーは、組織の中で人間的な側面の影響が非常に大きく、人間的側面のマネジメントが重要であることを強調しました。そして、これまで検討してきたように、現代の日本の組織は、活き活きとできない社員、利益偏重主義による人や関係性の軽視、個業化、多様性の増大といった、人間的側面に多くの問題を抱えています。

つまり、組織の中の人間的側面のマネジメントが非常に重要な経営課題になっているといえます。一方で、人間的側面のマネジメントの考え方や手法について私たちはどれほど知っているでしょうか。

「働くモチベーションを高めるには成果主義を導入すればいい」というように、制度を通してマネジメントを行っていく発想はすぐに思い付くかもしれません。成果主義の導入や制度構築は、組織のハードな側面の変革です。

一方、職場や組織の人間的側面、つまり、人の意識やモチベーション、お互いの関係性や協働性をよくしていく理論や手法についてはどうでしょうか。すぐに思い付くでしょうか。実は、その理論や手法の体系が組織開発です。

以前に比べて科学技術は非常に進歩し、世の中に普及しました。それに対して、組織の中の人間的側面におけるマネジメント技術はどれほど進歩し、普及したでしょうか。

組織開発の理論や手法は華々しく進歩したわけではありませんが、いくつかの新しい理論や手法も生まれていて、ゆっくりですが進歩しています。日本においては、組織開発の理論や手法の進歩も課題ですが、それ以上に、組織開発の理論や手法の普及が課題になっているのかもしれません。それは、組織開発に関する本が多くは出版されていない現状を見れば明らかです。

そこで、重要な経営課題である、組織の人間的側面をよくしていくことに向けた理論と手法の体系である、組織開発について次章以降で詳しく見ていきましょう。

[第２章]

組織開発とは何か
――その特徴と手法

2－1　組織開発の考え方

組織開発はアメリカで1950年代終盤に生まれ、欧米を中心に発展してきたアプローチで、「Organization Development」の訳語です。海外では略してODと呼ばれています。以下では、組織開発の基本的な考え方を理解するために、ODの〝O〟と〝D〟について詳しく検討していきます。

組織（O）とは?

まず、ODの〝O〟(organization)、すなわち「組織」について検討していきましょう。

組織開発の有名な研究者であるエドガー・シャインは、1965年に記した著書『組織心理学』の中で、組織を「ある共通の明確な目的、ないし目標を達成するために、分業や職能の分化を通じて、また権限と責任の階層を通じて、多くの人びとの活動を合理的に協働させることである」と定義しています。

共通の目標達成に向けて人々が協働する際に、人々が異なった役割を果たすこと（分業すること、権限と責任の階層化をすること）を通して、その目標がより達成できるという前提が組織にはあるということです。

一方、組織の定義として最も用いられているのは、経営学者のチェスター・バーナードによる「意識的に調整された、人々の活動や諸力のシステム」という定義です。バーナードが言及しているように、組織を考えていく際には、組織を「システム」と捉えることが大切になってきます。ここでいうシステムとは、一般システム理論（フォン・ベルタランフィ）に由来する言葉で、「相互作用する諸要素の複合体」という意味です。外界との境界線の中にある「ひとまとまり」がシステムであるとイメージしてみてください。

たとえば、1人の人間は、皮膚を境界として、脳や様々な臓器、知識や感情という諸要素をもっています。これと同じように、ある組織を一つのシステムと捉えた場合は、ある部署はそのシステムの中の諸要素、つまり、下位システムと捉えられます。ある部署を一つのシステムと捉えた場合は、1人ひとりは下位システムと捉えることができます。

システム理論から捉えると、組織はロシアの人形「マトリョーシカ」のように、上位のシステムの下に「ひとまとまり」としての下位システムが幾重にも存在しています。組織をよくしようと考えた場合、組織全体のシステム、部署間のシステム、部署内のシステム、対人間のシステム、個人のシステムというように、働きかけの対象のレベルが複数考えられます。

人材開発の場合、最終的な目標である、組織をよくすることに向けて、「個人」というシステムのレベルに働きかけていきます。それに対して組織開発では、組織をよくすることを目指し、個人のシステムのレベルだけでなく、グループやグループ間、組織全体のシステムのレベルにも働きかけていきます（図5）。たとえば、部署をよくするためにチーム・ビルディングを実施する、組織全体をよくするために組織文化の変革に取り組む、といったことを行っていきます。

2013年に関西生産性本部の主催で「訪米組織開発調査団」のコーディネーターとしてアメリカに行き、組織開発を実践している組織を訪問した際、ジョンズ・ホプキンス大学の組織開発部門の担当者から興味深い話を聞きました。

その担当者は、組織開発の部門が設置された経緯について話してくれたのですが、組織の中でメンタルヘルスの問題が多かったために、1980年代中盤にEAP（Employee Assistance Program：従業員支援プログラム）を導入し、カウンセリングなどによって個人の心の健康の問題に対して支援を行ったそうです。

しかし、EAPを導入してもメンタルヘルスの問題は改善されず、その過程で、個人レベ

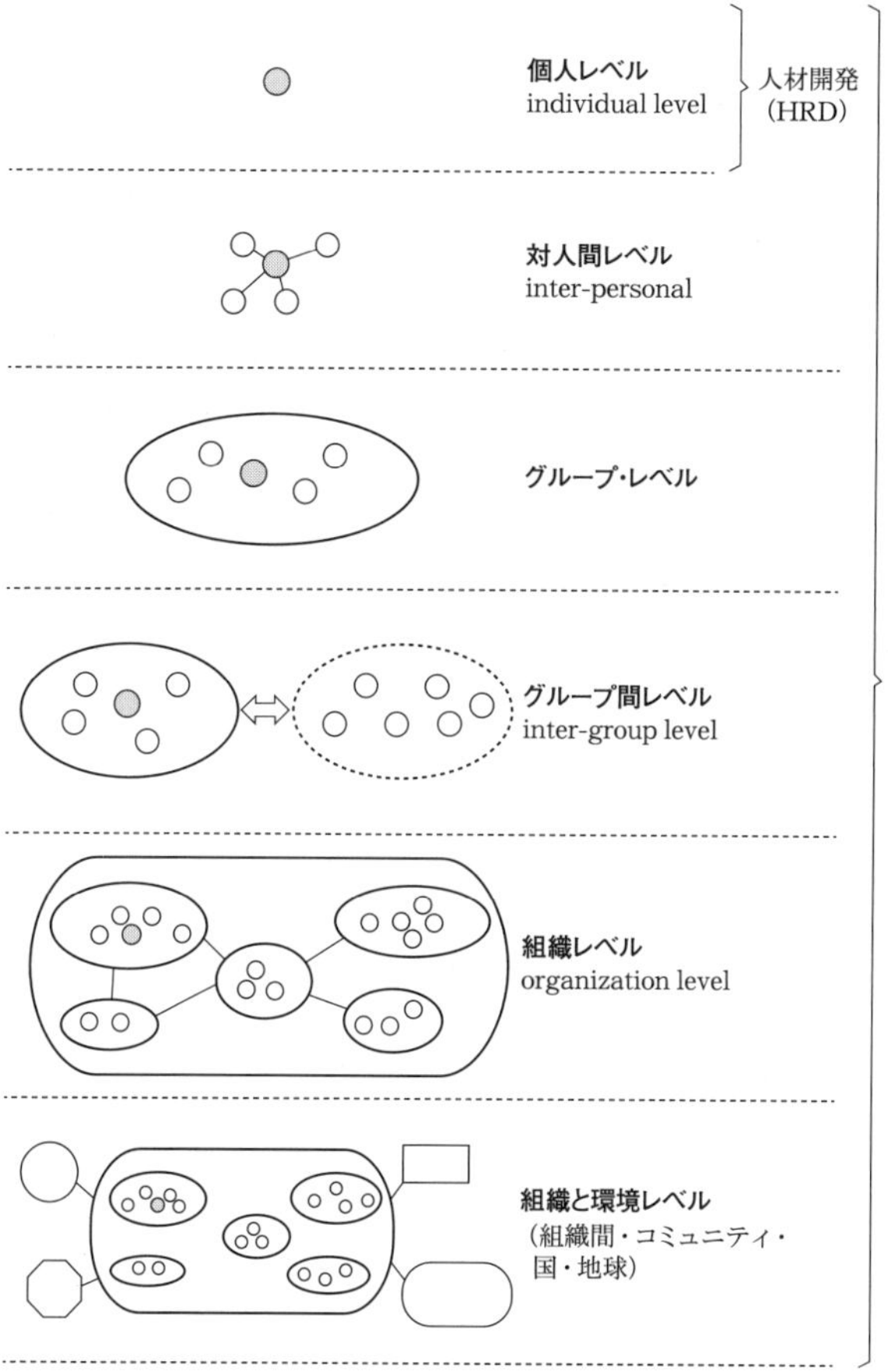

図５　組織開発（OD）が働きかける対象とするシステムのレベル

ルのメンタルヘルスの問題はグループや組織のレベルで起こっている問題に起因している場合が多いことがわかってきたということでした。

つまり、EAPは個人レベルに働きかける手法ですが、そのときにグループや組織全体のシステムのレベルにも働きかける必要性が理解され、組織開発の部門が設置されたというわけです。

「はじめに」でご紹介した、私が組織開発を学び始めるきっかけとなったエピソード、つまり、個人レベルに働きかけるトレーニングだけでは限界がある、ということと共通しています。

このように、個人のシステムのレベルだけではなく、組織内のさまざまなシステムのレベルに働きかけていくところに、組織開発の特徴があります。

開発（D）とは?

次に、ODの〝D〟(development) について考えていきましょう。development は「開発」と訳されていますが、この「開発」という言葉に抵抗を感じる人も多いようです。

日本語の「開発」という言葉は、たとえば、「ディベロッパーが宅地を開発する」「プログラマーがソフトウェアを開発する」といったように、ある人（開発者）が対象（人ではないモノ）を開発するという形で用いられるケースが多くあります。

そのため、組織開発というと、コンサルタントが（未開発な状態の）組織を開発する、という意味だと捉えられてしまうかもしれません。しかし、development は本来、「発達」「発展」「成長」という意味です。したがって、「組織の発達・成長を促す」というのが組織開発の本来のイメージです。

システム理論では、人（個人）というシステムと、組織というシステムに共通するものがあると捉えています。そのため、組織を人（個人）に例えることが可能だと考えます。したがって、ここでは組織を人（個人）に置き換えて考えていってみましょう。

人が発達していくためには、その人自身が自らの発達・成長に取り組むことが大切になってきます。他者から「変われ」と言われても人はなかなか変われません。その人自身が変わろうとすることが、人の発達・成長には必要です。それと同じように、組織というシステムが発達していくためには、組織内の当事者が自ら組織をよくしていくことに取り組むことが大切、というのが組織開発での捉え方です。

ちなみに「career development」が日本語に訳された際、心理学では「キャリア発達」と訳されましたが、経営学やビジネス界では「キャリア開発」と訳されました。キャリア開発も、外部者がその人のキャリアを開発していくわけではなく、本人が自らのキャリアを開発（発達）させていくための支援と捉えられています。

組織開発について「組織発達」と訳すとさらにわかりにくくなるので、そのような訳し方はされませんでしたが、組織開発の本来の意味は、「組織内の当事者が自らの組織を効果的にしていく（よくしていく）ことや、そのための支援」です。

このことは、組織開発においてキーとなる言葉である、change（変化、変革）についても同じことがいえます。すなわち、組織を変えるのか、組織が変わるのか、という捉え方の違いです。「組織変革」という言葉には、「（変革者が）組織を変える」という言葉がよく用いられ、changeは他動詞として用いられます。主体者は変える側（経営者またはコンサルタント）で、組織の構成員（＝当事者）が変えられる対象となります。

一方、組織開発では「組織（グループ、人、関係）が変わる」（あえて言えば、当事者が組織を自ら変える）というイメージで捉えます。つまり、「組織の構成員自らが変革の主体となる」という点が重要になります。

エドガー・シャインはＯＤ実践者の哲学として「プロセス・コンサルテーション」という

考え方を提唱しました。当事者が変革に取り組むその過程をＯＤ実践者が支援するという考え方です。この「プロセス・コンサルテーション」の発想は組織開発の中でとても重視されています（詳細は第3章で紹介します）。

なお、「開発」という日本語の語源は、仏教用語の「開發《かいほつ》」だそうです。「開發」とは「開き發《ほっ》せしめる」、つまり、自らの仏となる性質を開きおこし、まことの道理をさとるという意味だそうです。

この語源を私が初めて知った時、組織開発につながる感覚があって妙に納得しました。組織の中での協働性を高めることを目指して、ＯＤ実践者が変革に取り組む過程でまことの道理をさとり、さらに組織をよくしていく取り組みを実践していく、というイメージをもつことができたためです。

組織を変革するといっても、たとえば、組織の業績を上げるために従業員を酷使して、その結果、従業員のメンタルヘルス不調者が増えるのは決して「まことの道理」ではありません。後述するように、組織開発では「人間尊重の価値観」が大切にされています。

「コンテント」と「プロセス」

組織開発でキーとなる概念が「コンテント」と「プロセス」です。日本では「プロセス」という言葉を聞くと、仕事の仕方や業務プロセスをイメージする人が多いと思われます。しかし、組織開発で用いられる「プロセス」という言葉は、そのイメージとは少し違った意味で用いられます。

組織開発の文脈での「プロセス」という言葉は、クルト・レヴィンが最初に用いたとされています。ちなみに、クルト・レヴィンは「グループ・ダイナミックス」という社会心理学の分野の父と呼ばれており、組織開発にも多大な影響を及ぼした人です。

レヴィンはグループの「今ここ」における「コンテント」と「プロセス」という対比で「プロセス」という言葉を用いました。「コンテント」とはｗｈａｔの側面、つまり、何が話され、何が取り組まれているかという、話題、課題、仕事の内容的な側面です。

一方、「プロセス」とはｈｏｗの側面、つまり関係的過程（お互いの間で起こっていること）を指します。たとえば、いま、どのような気持ちか、どのように参加しているか、どのようにコミュニケーションがなされているか、どのように課題や仕事が進められているか、どのように決められているか、お互いの間にどのような影響があるか、リーダーシップはどのよ

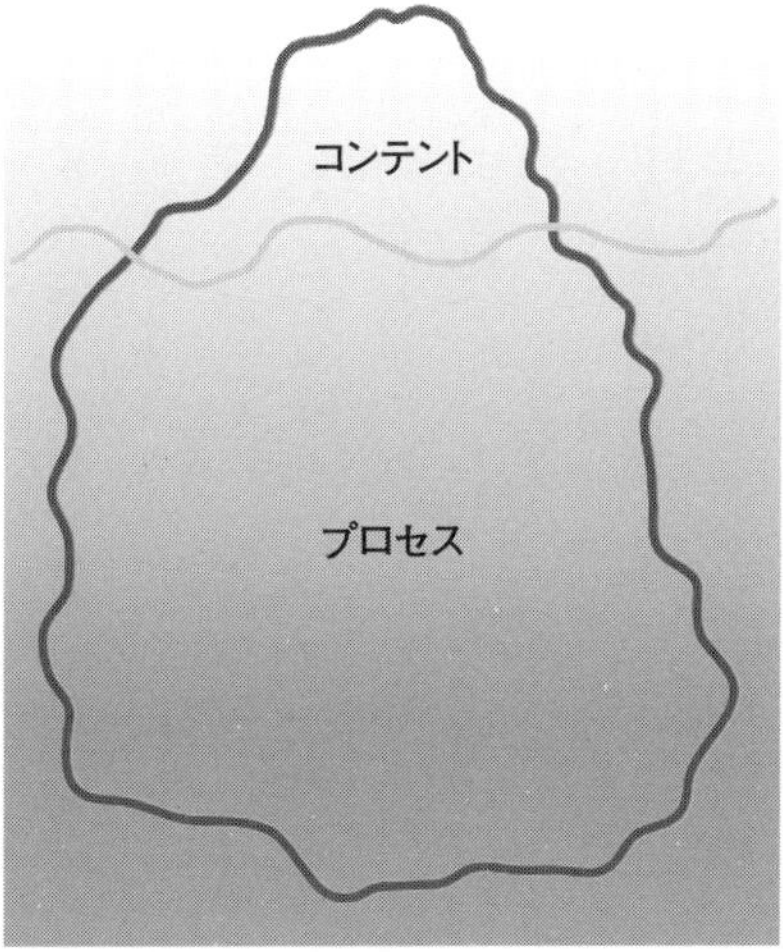

図６　コンテントとプロセスの氷山図

うに発揮されているか、などの諸要素がプロセスの側面です。

人と人との間で起こっているプロセスという意味で、「ヒューマンプロセス」と呼ばれることもあります。つまり、グループや組織の中の「人間的側面」といえます。

コンテントとプロセスは、図６のような氷山図で表されます。会議などでは、話されている内容に目が向きやすいですが、それと同様に、話されている内容（＝コンテント）は海面上に表れている白い部分として表現され、目が向きやすいことを図示しています。

そして、その会議の場でお互いの間で起こっていること、たとえば、１人ひとりの気持ちやお互いのコミュニケーションの様子、お互いの影響関係などは、氷山の海の下に隠れた部分のように、目が向けられにくいという特徴をもっています。

この海の下に隠れた部分であるプロセスが、結果の質に影響してきます。たとえば、会議でどのように話されていたか、自由にアイデアを伝えることがなされていたか、1人ひとりが決定に関与できていたか、という点が、会議で決定されたことの質や満足度、決定されたことが実行されるかどうかに影響してきます。

こうしたことを踏まえ、プロセスが成果や結果に影響する過程を、社会心理学の簡単な理論を用いながら次に説明していきます。組織開発がなぜ必要なのかを説明する時に、この話を私もよく使っています。

プロセスが成果に影響する

チームでスポーツなどの競技をする時、チーム内のお互いの関係性が勝敗に影響することは誰もがイメージしやすいでしょう。しかし、ビジネスの世界で「お互いの関係性が企業の成果や収益に影響します」と伝えると、経営者の方の反応は分かれます。

①「確かにそうだ」と言う方
②「そうだろうけど、関係性に投資した分、収益が本当に上がるのか?」と言う方
③「関係性って、会社は仲良しごっこをするところではない」と言う方

にです。

次の説明は③の反応をする人たちに有効です。ちなみに、①の人たちには説明はあまり要りません。②の人たちには別の説明が必要で、それは後述します。

社会心理学者のスタイナーは、グループで何らかの課題に取り組む際の生産性を予測する概念として以下の式を提唱しました。

実際の生産性＝潜在的生産性－欠損プロセスに起因するロス

グループの実際の生産性は、メンバー１人ひとりがもつ潜在的生産性から、お互いの間で起こるプロセスによるロスを引いたもの、という公式で、この考え方は「プロセス・ロス」と呼ばれています。わかりやすくするために、社会心理学の古典的な実験である、綱引きの

図7-1　1人で引いた場合

図7-2　3人で引いた場合

例を引き合いに説明していきます。

綱引きの綱を引き、壁の向こうでその力が計測できるようになっていたとします。A君、Bさん、C君の3人について、まず個人で引く力が計測されました。A君が1人で引っ張ると50でした（図7－1）。Bさんは40、C君は60でした。つまり、3人で同時に綱を引いた場合の潜在的生産性は150と見積もることができます。

しかし、3人で実際に綱を引いた場合（図7－2）、生産性が120と計測されたとします。

このように、複数で綱を引くと欠損プロセスによるロス（図7－2の例なら30のロス）が生じるわけですが、このロスはどのようなプロセスで生じるのでしょうか。

たとえば、自分自身の力が個別に測定されているわけではないので手を抜く、ということが起こります（社会心理学では「社会的手抜き」と呼ばれています）。また、引っ張るタイミングも影響し、３人が全力で引くタイミングが同時でないと150にはなりません。さらに、綱を引く方向や角度が少しでも違うとロスが生じます。

第１章で述べた、日本企業における現代的課題のほとんどは、このプロセス・ロスに当てはまります。仕事に対するやる気、仕事の意味の腹落ち感、個業化による協働作業の減少、多様性の増大による協働の難しさなど、日本企業にはプロセス・ロスが生じる多くの問題があります。

実際の生産性を高めるためには、また、潜在的生産性が発揮されるためには、プロセス・ロスを低める必要があります。そして、プロセス・ロスを低めるための方法が、ロスを生じさせているプロセスに気づき、そのプロセスを改善することです。

組織開発の基本的な考え方は、氷山の海に隠れた部分であるプロセスが仕事の質や業績に影響しているため、組織内の当事者が自らプロセスに気づき、そのプロセスをよくしていくことで、組織の効果性が高まり、成果や業績が高まるというものです。

なお、スタイナーはその後、「プロセス・ロス」だけではなく、「プロセス・ゲイン」も起こることを主張しました。「プロセス・ゲイン」とは、グループの中での相乗効果によってメンバーの潜在的生産性を超えて、実際の生産性が高まるという考え方です。ミーティングでの対話を通して誰も思い付かなかったアイデアが生まれる、メンバーで協働することで1人では決して成し遂げられないことが達成できる、などが「プロセス・ゲイン」の例です。

社員が受動的というリスク

これまで述べてきたように、組織開発では、成果や業績を高めることに向けて、プロセスという媒介要因を重視しています。プロセスが効果的になる（関係の質が高まる）ことで、結果として業績が上がる（結果の質が高まる）と捉えています。この説明に対して、前述した②のタイプ、つまり、「そうだろうけど、関係性に投資した分、収益が本当に上がるのか？」と言われる方は、きっと納得しないでしょう。

このような投資対効果の疑問に対して、同じような取り組みを行った過去の事例を伝えることで効果の説明をすることになります。さらに、人や関係性の側面に対して投資しないことによる、さらなるプロセスの弱体化も強調する必要があるでしょう。投資や働きかけをすることによるメリットだけではなく、投資や働きかけをしないことによるデメリットやリスクがある、という捉え方も組織開発では大切です。

たとえば、ある会社で、自ら主体的に考えるのではなく、指示待ちで受動的な社員が多くなっている、という問題があるとします。自ら考えなくても、上司の指示を待ち、その指示に従えばよいという風土や行動パターンは、失敗するリスクが少なく、主体的に考えて行動するエネルギーも必要ないため、より多くの人々に広がっていきます。

つまり、社員が受動的という風土は、投資や働きかけをしないと、より広まって強化されていくというリスクを含んでいます。そのような風土に対する投資や働きかけとしては、部下が主体的に考えることが可能となるようなコミュニケーションを上司ができるように、上司にコーチング研修を実施することなどが考えられます。

「社会関係資本」は目減りする

「社会関係資本」という考え方があります。これは、コミュニティや組織の中の信頼関係やお互いの間のネットワーク、助け合いの規範という関係性を資本と捉えるものです。社会関係資本は、その形成に投資しないと目減りするとされています。

お互いの間のネットワークを例に挙げて、社会関係資本について考えてみましょう。人と人が知り合っていて、お互いの間につながりがあることをネットワークがあると捉えます。会社の他部署に知り合いがいれば、何かを尋ねたり、依頼したりすることがしやすくなります。つまり、ネットワークがあることによって仕事がしやすくなるので、ネットワークという関係性が資本だと考えるわけです。

ところが、現在は転職者が増え、契約社員や派遣社員のような期限付きで雇用される人たちが多いという、人材の流動化の時代です。会社の中でつながりをもつ人の数は年々減っていき、ネットワークが自然に目減りします。ネットワークが目減りしないためには投資をして働きかけることが必要になってきます。たとえば、違う部署で働く人たちと交流できるイベントを開催したり、社内SNSで社員の紹介ページを設けたりするなど、コストをかけてネットワークづくりのための働きかけをしていきます。

「関係性に投資した分、収益が本当に上がるのか?」という疑問に対しては、「収益は結果として付いてきます。まずは、強く活き活きとした組織をつくっていくための長期的な取り組みと、そのための投資が必要です。投資をしないこと、何もしないことによるリスクも考える必要があります。何もしなければ、関係性や風土はより目減りしていき、組織の土台がさらに弱体化する可能性があります」と私は答えています。

組織開発の定義と目的

組織開発の定義にはさまざまなものがありますが、基本的には、組織開発は「組織のプロセスに気づき、よくしていく取り組み」といえます。多くの定義で共通しているのは、

・行動科学の理論や手法を用いること
・組織の効果性や健全性を高めていくこと
・組織のプロセスに対して計画的な働きかけをする取り組みであること

という点です。

私が最も気に入っている、組織開発らしさが込められた定義はウォリックのものです。彼は、「組織開発とは、組織の健全さ（health）、効果性（effectiveness）、自己革新力（self-renewing capabilities）を高めるために、組織を理解し、発展させ、変革していく、計画的で協働的な過程である」（筆者訳）と定義しました。

この定義に基づきながら、次に組織開発の特徴を考えていきます。

組織開発の目的は「組織の健全さ、効果性を高める」こととされています。この「効果

性」「健全さ」を高めるという表現は他の研究者による定義でも頻繁に使われています。組織の効果性は、組織の目標に到達する力、組織の構成員やチームの潜在力を発揮できること、環境の変化に適応し対処できることを指しています。また、組織の健全さは、仕事生活の質、お互いの関係性の質、権力の最適なバランス、ワークモチベーションの高さなどの、極端に表現すると組織内の人々の「幸せ度」と関連しています。

そして、組織開発の目的としてウォリックが挙げているのが、組織の自己革新力を養うことです。これは、組織が絶えず学習し続け、外部コンサルタントの支援がなくても、自らが変革に取り組み続ける力をもつことを意味しています。

変革の対象となるのは？

ウォリックは組織開発の定義を、「組織を理解し、発展させ、変革していく」としていますが、組織の何に気づいて変革するのかまでには言及していません。一方、他の研究者による定義では、「プロセス」という言葉が多く用いられています。たとえば、「組織のプロセスに対する計画的な介入の実践」（ベックハード）、「組織文化の中に起こす……変革プロセス」（バーク）、「本質的なプロセスを理解し改善するための組織的な過程」（ベイル）、「組織内のプロセスや組織文化などの人的要因を含めた組織の諸次元に対して……働きかけていく……実践」（中村）などの定義を挙げることができます。

このように、組織内のプロセスという、人間的側面（ソフトな側面）が組織開発の変革の対象になるとしています。

一方で、プロセスのみでなく、次のように組織のハードな側面も組織開発の変革の対象であるとした定義も存在しています。「戦略や構造、プロセスを計画的に開発し、改善し、強化する」（カミングス&ウォーリー）、「外的環境・ミッション・ストラテジー・リーダーシップ・文化・構造・情報と報酬システム・仕事の方針や進め方、などの組織内のさまざまな次元間の一致性を高める」（バーク&ブラッドフォード）といったように、プロセスというソフトな側面とともに、戦略や構造などのハードな側面も強化し、一致性を高めるのが組織開発であるとしています。

現在では、組織開発はプロセスのみを変革の対象にするのではなく、「戦略」「構造」「制度」といったハードな側面の変革に取り組みながら、同時にプロセスの変革にも取り組むのが組織開発であるという捉え方が一般的です。この点については、組織開発の手法の節でさらに詳しく述べていきます。

二つのアプローチ

組織開発は「計画的」な取り組みであるとされますが、計画的とは「行き当たりばったりではない」という意味であり、最初から全てが計画されるわけではありません。組織開発では、その進め方が計画的であり、クライアント（＝組織内の当事者）とどのように進めるかについての合意はなされますが、アクション（変革のための取り組み）の内容は最初の時点では決定されません。それは、アクションはデータに基づきながら、ＯＤ実践者とクライアントが協働的に計画し決定していくためです。

組織開発の進め方について、ブッシュ＆マーシャクは「診断型組織開発」と「対話型組織開発」に大別できるとしています。診断型組織開発は伝統的なアプローチであり、一方の対話型組織開発は１９９０年代以降に登場してきた、比較的新しいアプローチです。それぞれについて簡単に紹介しましょう。

①診断型組織開発

診断型組織開発は、診断というフェーズが入る取り組みで、その代表が「ＯＤマップ」というモデルだとされています。ＯＤマップは、アメリカでの組織開発の発展に寄与してきた

フェーズ	内　容
エントリーと契約	クライアントのニーズを把握し、進め方やお互いの役割を合意する。
データ収集	インタビュー、アセスメント、観察などで、プロセスに関するデータを収集する。
データ分析	データを整理する。 （診断モデルに基づいて整理がなされる場合あり）
フィードバック	データをクライアントにフィードバックし、対話を通してプロセスについての気づきを促進する。
アクション計画	焦点づけられ、共有されたプロセスを変革するためのアクションを計画する。
アクション実施	計画されたアクションを実行する。
評　価	合意された変革目的がどれくらい達成できたかを評価する。
終　結	変革目的が達成された場合は終結する。

表1　ODマップ（組織開発のフェーズ）

組織である、NTLインスティテュートが用いているモデルです。ODマップでは、組織開発の進め方として八つのフェーズを想定しています（表1）。

「エントリーと契約」の段階では、このフェーズに従って組織開発の取り組みを実施していくことについて、OD実践者と当事者が合意します。OD実践者は、外部コンサルタントの場合、組織内部のOD実践者の場合（OD部門に所属する内部ODコンサルタント、人事担当者、ODプロジェクトの担当者など）があります。

合意の際には、「アクション実施」のフェーズで何が行われるかは決定されません（いくつかの案が提示されることはあります）。それは、組織開発ではデータに基づくことが重視されており、「データ収集」「データ分析」「フィードバック」というフェーズを経て、初めて組織内のプロセスに関する真の問題を把握することができると考えられているためです。

「データ収集」ではOD実践者がインタビューを行う場合や、アセスメントが実施される場合、OD実践者による観察を行う場合があります。

集められたデータは「データ分析」のフェーズで整理され、整理された結果が当事者に「フィードバック」されます。「フィードバック」では、整理されたデータが提示されるだけでなく、結果について当事者が対話をするフィードバック・ミーティングが行われます。

そこでは、当事者であるクライアントが自らのプロセスに気づき、変革へのモチベーションが高まることが重視されます。プロセス上の問題が明確になったら、OD実践者と当事者が取り組みを協働的に計画する「アクション計画」に入ります。そこで決定されたアクションが実行されます。アクション計画やアクション実施が協働的に行われるのは、変革のオーナー（主体）があくまでも当事者（対象となる部署、部門、組織のメンバー）であると捉えるためです。

一定期間、アクションが実施された後に、アクションの効果を検討するための「評価」が行われます。そこで、当初合意された変革の目的が達成されていれば「終結」となり、達成されていなければ「データ収集」「フィードバック」「アクション計画」のいずれかに戻って、さらに取り組みが継続されます（この診断型組織開発の具体的な進め方については、第3章の「①データ・フィードバックによる取り組み」〈137ページ〉の節で詳しく紹介します）。

②対話型組織開発

対話型組織開発は、診断というフェーズがない取り組みや手法を指します。診断型組織開発と対話型組織開発という分類を行ったブッシュ＆マーシャクは、１９９０年代以降に生まれてきた組織開発のアプローチの中には、伝統的な組織開発のステップとは異なる特徴があると考えました。そして、最近の組織開発のアプローチの中で、ＯＤ実践者による「データ収集」「データ分析」「フィードバック」という診断のフェーズがないものを対話型組織開発として位置づけました。

診断型組織開発は対話を行わず、対話型組織開発では対話が行われると勘違いされることがあります。しかし、もちろんそうではありません。診断型組織開発でも、「フィードバック」の際のフィードバック・ミーティングにおいて、そして、アクション計画やアクション実施において当事者による対話が大切にされています。そのため、診断型組織開発でも対話は重視されます。

両者の大きな違いは、診断型組織開発では診断のフェーズでOD実践者が当事者の代わりに現状の把握を行いますが、対話型組織開発では当事者が対話を通して現状を把握する点にあります。また、理論的な話になりますが、ブッシュ&マーシャクは両者のパラダイムの違いに注目しています。すなわち、診断型組織開発が客観的実証主義に基づいているのに対して、対話型組織開発は解釈主義や社会構成主義（社会構成主義については第3章で再度説明します）に基づいていると考えています。

ブッシュ&マーシャクが対話型組織開発の代表として挙げたのが、AI（appreciative inquiry：アプリシエイティブ・インクワイアリー）とフューチャーサーチです。

AIは組織の強みに光を当てて個人や組織の活力の源を探求し、潜在力が発揮された将来とそれに向けての行動を計画していくアプローチです（AIの手法については第3章で解説します）。

一方、フューチャーサーチは組織内外のさまざまな関係者約60名が一堂に集い、その組織の過去の出来事や現在の傾向を共有するとともに、望ましい将来のありよう（＝コモングラウンド）を合意し、その達成に向けた行動計画をする、３日間のミーティング手法です（対話型組織開発やフューチャーサーチについてより詳しく知りたい方は、インターネット上で検索できる拙著「対話型組織開発の特徴およびＡＩとフューチャーサーチの異同」（南山大学人間関係研究センター紀要「人間関係研究」に収録）を参照してください）。

２－２　組織開発の価値観

以上、組織開発の進め方について概観してきました。次に、組織開発で大切にされている価値観の問題について考えていきましょう。

変革や開発は、今の状態よりもよくなること、効果的になることを目指します。したがって、どのような状態が組織にとって望ましいのか、という価値観が非常に大切になってきます。組織開発では、約70年の歴史の中で育まれてきた、組織開発で大切にされている価値というものがあります。

では、組織開発ではどのような価値観が大切にされているのでしょうか。組織開発の研究者であり、コンサルタントでもあるロバート・マーシャクによる指摘をもとに検討していきましょう。

根底にある四つの価値観

組織開発は「価値観ベースの実践」といわれています。これは他の組織変革のアプローチと組織開発が異なる点です。マーシャクは、組織開発の根底にある価値観として、①人間尊重の価値観、②民主的な価値観、③クライアント（当事者）中心の価値観、④社会的・エコロジカル的システム志向性、を挙げました。これらを順に見ていきましょう。

①人間尊重の価値観（ヒューマニスティックな価値観）とは、人間は基本的に善であり、最適な場さえ与えられれば、自律的かつ主体的にその人がもつ力を発揮すると捉えることを重視する考え方です。ということは、前述したように、マクレガーが提唱したX理論（人間は本来怠け者で仕事をしたがらないという人間観や持論）とY理論（人間は自己実現のために行動し主体的に仕事をするという人間観や持論）のどちらをベースにしているのかといえば、Y理論の考え方になります。

②民主的な価値観（デモクラティックな価値観）とは、ものごとを進めて決定するには、それに関連する、できる限り多くの人が参加し関与した方が決定の質が高まり、関与した人々

や お互いの関係性にとっても効果的である、と捉える考え方です。たとえば、組織や部門で戦略を立案する時などは、可能な限り多くの人の意見を聞くとともに、立案の過程に参加し関与できることを組織開発では重視します。

③クライアント（当事者）中心の価値観とは、これまで述べてきたように、組織の当事者が現状と変革にオーナーシップをもつこと、つまり、当事者意識の高まりと主体的に変革に取り組むことを重視します。

④社会的・エコロジカル的システム志向性とは、組織開発が目指すところは、組織内の視点だけで語れるものではなく、より広いシステムである社会や環境レベルを考慮する必要がある、と捉える考え方です。つまり、組織開発の結果、社会や環境、そして世界に悪影響が生じることは避ける必要があるという発想です。

ＯＤ実践者は「チェンジ・エージェント（変革推進体）」と呼ばれます。これは初期のＴグループ（人間関係のトレーニング方法、「T」はトレーニングの略）で重視された発想で、その後の組織開発の発展の中で受け継がれていきました。すなわち、ヒューマニスティックで民主的な組織や社会になっていくことを目指し、ＯＤ実践者がチェンジ・エージェントになっていくという考え方です。

神戸大学の金井壽宏氏が人事について話題にする際、「ドゥアブル（doable）」と「デリバラブル（deliverable）」の違いによく言及されます。ドゥアブルとは「何ができるか（行動内容）」であり、デリバラブルとは「何をもたらすか（提供価値）」です。人事が何をしているかではなく、人事が社内にどのような価値を提供しているか、どのように役立っているかという視点が大切だと金井氏は指摘しています。

これと同じことがＯＤ実践者にもいえます。ＯＤ実践者はどんな手法を会得していて、人々や組織に何ができるか（ドゥアブル）ではなく、ＯＤ実践者が関わることを通して人々や組織にどのような価値をもたらすことができるか（デリバラブル）という視点が大切になってきます。

チェンジ・エージェント

組織開発ではプロセスが重視されているため、ＯＤ実践者と当事者（クライアント）との間のプロセスや関係性にＯＤ実践者が気づくことも重視されています。アメリカでの組織開発の誕生と発展に寄与した団体であるＮＴＬインスティテュートが発行している組織開発ハンドブックには、「ＯＤ実践者は気づきの専門家」という言葉が記されています。

組織開発では、組織開発を推進する人（多くの場合、ＯＤ実践者）を「チェンジ・エージェント」と呼んでいます。チェンジ・エージェントは、組織開発の誕生のきっかけとなった「Ｔグループ」と呼ばれるトレーニング方法を始めたパイオニアたちが好んで用いていた言葉です。

１９４０年代、アメリカでの人種差別や官僚的組織という諸問題に対して、人間が尊重され、民主的な風土が育まれた組織や社会に変革していく担い手をＴグループで養成しようという志が、Ｔグループのパイオニアたちにありました。

つまり、グループや組織、社会の中で起こっているプロセスに気づき、働きかけることを通して、ヒューマニスティックで民主的な風土や関係性が形成されるよう、自らが所属するグループや組織、社会を変革していく、その担い手であるという思いや願いが「チェンジ・エージェント」という言葉には込められています。

ユース・オブ・セルフ

チェンジ・エージェントとしてのＯＤ実践者に大切なものとして、「ユース・オブ・セルフ（use of self）」という考え方があります。通常の組織変革の方法の場合、変革のためのツールは、たとえばリエンジニアリングや評価制度などのノウハウです。しかし、組織開発では、変革のツールはユース・オブ・セルフである、つまり、変革に向けて自分自身の気づきや価値観を用いていくことである、としています。

チェンジ・エージェントである「私」がグループや組織の中で起こっているプロセスをどのように見ているか、自分自身と他者（たとえばOD実践者と当事者）の関係の中で起こっていることにどのように気づいているか、どのような関係性や風土になっていくことが望ましいか（ここに価値観や人間関係観が含まれてきます）、という、OD実践者によるプロセスへの気づきやヒューマニスティックで民主的な価値観を活かしていくことが変革につながる、という考え方です。

OD実践者として、そして、チェンジ・エージェントとして、プロセスに気づく力が最も重要であり、そのための自己成長が大切であるといえます。

ただ、誤解のないように付け加えると、ユース・オブ・セルフといっても、OD実践者がわがままに自分の信念や主張を押し付ける、という意味では決してありません。OD実践者が自らの信念や価値観を押し付けることでは協働の関係は生まれません。変革に取り組む過程で人々と協働していく関係を形成するために、そして、グループや組織の中で起こっている行動パターンや風土を理解して変革していくために、プロセスに気づくことがユース・オブ・セルフでは大切にされます。

２－３　アメリカにおける組織開発の歴史

組織開発には、歴史の中で育まれてきた価値観や考え方があるため、組織開発の特徴を理解するためには、組織開発の歴史を知ることが必要となってきます。この節では、組織開発が誕生し発展したアメリカでの歴史について概観していきます。さらに次節では、日本での組織開発の変遷について検討していきます。

約70年の歴史

組織開発が誕生するきっかけとなった源流は１９４０年代のアメリカにあり、その後、１９５０年代終盤に誕生したとされています。組織開発は、その源流から現在まで、約70年の長い歴史を有しています。以下では、アメリカでの組織開発の歴史を、①黎明期《れいめい》（１９４０～１９５０年代）、②発展期（１９６０年代）、③多元期（１９７０～１９８０年代）、④新しいアプローチの登場と現在（1990年代以降）に分けて考えていきましょう。

①黎明期（1940～1950年代）

組織開発の源流は、おおまかにいうと二つの大きな心理学の流れから始まっています。一つの流れは、グループ・ダイナミックスの研究者クルト・レヴィンによる「Tグループ」から チーム・ビルディングへの発展、そしてもう一方の流れが、心理測定論と組織心理学の研究者であるレンシス・リッカートによる「サーベイ・フィードバック」からの発展です。

「Tグループ」は、クルト・レヴィンがその誕生のきっかけとなり、1947年に誕生した、人間関係のトレーニング方法です。Tグループは「ラボラトリー・トレーニング」または非構成的な「ラボラトリー方式の体験学習」とも呼ばれています。

Tグループは8名から10名ほどのメンバーが一つのグループとなって合宿形式で行われ、そのグループでのお互いの関わりで起こる「今ここ」のプロセスに気づき、その体験から学ぶというトレーニングです。Tグループを中心としたラボラトリー方式の体験学習の実施と推進を目的として、NTLインスティテュートが1947年に設置されました。

Tグループはアメリカでこの後、1950年代後半から1960年代前半にかけて盛んに行われました（日本はこの約10年後に同じ道をたどることになります）。また、アメリカの西海岸ではＵＣＬＡを中心に、Ｔグループを用いて個人の感受性を高めることを目的とした「感受性訓練（ST：sensitivity training）」が発展しました。このＳＴが１９７０年代前半の日本に大きな影響を及ぼしていきます。

Ｔグループでは、グループの中で起こっているプロセスにトレーナーが働きかけていきますが、Ｔグループのトレーナーである N Ｔ Ｌメンバーを中心に、組織開発の基礎となる実践が１９５８年から１９６０年代前半に行われていきました。

たとえば、企業の取締役の会議にＮＴＬメンバーがコンサルタントとして招かれた際に、Ｔグループで起こるプロセスに働きかける視点や方法を応用し、取締役会の中で起こるプロセスに働きかけを行い、取締役のチーム・ビルディングを行った実践などです。

組織開発を発展させたパイオニアとなったＮＴＬメンバーたちは、Ｔグループのトレーナーであり、かつ、グループ・ダイナミックスまたは組織論の研究者でした。

たとえば、X理論とY理論のダグラス・マグレガー、組織学習論のクリス・アージリス、マネジリアル・グリッドを開発したロバート・ブレークとジェーン・ムートン、組織開発のさまざまな実践を行ったＭＩＴのリチャード・ベックハード、そして、「プロセス・コンサルテーション」を提唱したエドガー・シャインという、著名な研究者たちはNTLメンバーであり、かつ、当時はTグループに携わっていました。

組織開発のもう一つの源流である「サーベイ・フィードバック」の流れは、ミシガン大学のレンシス・リッカートによって始まりました。彼は心理尺度で有名な「リッカート法」を生み出した研究者です。リッカートは1948年にアメリカのある会社に対して、従業員の行動や態度に関する調査を行いました。

そのデータについて回答者である組織の構成員にフィードバックを行い、その結果について上司と従業員とで話し合ってもらったところ、その後プラスの変革が起こりました。

これを契機として、組織（または部署）で起こっているプロセス（たとえば、従業員のワークモチベーション、お互いの関係性やコミュニケーション、風土や組織文化など）について調査を行い、その分析結果を回答者にフィードバックすることをきっかけとしてお互いの間に起こっているプロセスについて話し合い、解決策を合意するという組織開発の流れが発展しました。これは前述した、組織開発の基本的な進め方（ODマップ）の基礎となっていきました。

②発展期（1960年代）

1960年代にはアメリカでさまざまな組織開発の手法が発展しました。この時代では、グループ（部署）に働きかけることで部署が変わり、さまざまな部署が変わることで組織全体が変わっていくという、ボトムアップの積み上げ式の手順で進められることが多く見られました。

また、グループ（部署）のプロセス（コミュニケーションやリーダーシップ、規範〈ノーム〉や風土など）に働きかける、チーム・ビルディングやサーベイ・フィードバック、トレーニング、プロセス・コンサルテーションなどが実施されました。つまり、「部署レベルのシステムとグループプロセスへの働きかけ」に特徴をもつ時代でした。

同時に1960年代は、「官僚的組織からの脱却」が組織開発のテーマでもありました。リッカートは、官僚型組織から民主的な組織への変革を目指す「システム4」の理論を提唱します。また、ベックハードは、組織が抱えている問題を出し合い、その解決に取り組む「コンフロンテーション・ミーティング」（日本では1970年代に「対決会議」と訳されました）を実践しました。

他方、ブレークとムートンが開発した「マネジリアル・グリッド」は、業績への関心と人への関心の統合を目指し、部署レベルから組織全体のレベルまで順に実施していく手法で、日本にも導入され実施されました。これらの方法は、部署レベルだけではなく、組織全体のレベルへの変革も念頭に置いたものでした。

また、1960年代はアメリカにおいて組織内部のOD部門が発展した時期でもあります。たとえば、ユニオンカーバイド社は1959年から組織開発グループが設けられ、マグレガーたちの支援を受けて組織開発の取り組みが行われたそうです。

TRWシステム社（現在は自動車部品メーカー、当時は航空宇宙産業にも関与）でもOD部門が設置され、内部ODコンサルタントがNTLメンバーとともに組織開発の実践をしてきました。初期には社内で体系的にTグループが実施され、その後、チーム・ビルディングのセッション（3日間）をオフサイトで実施する方法に移行したそうです。

1960年代にアメリカで始まった、組織内部にOD部門を設置し、そこに内部ODコンサルタントを専門家として雇うという仕組みは、アメリカの他の会社でも導入されていきます。内部ODコンサルタントは専門家であり、配置転換はないため、OD部門に組織開発の知見とノウハウが蓄積されていきました。

③多元期（１９７０～１９８０年代）

１９６９年以降のオイルショックで、アメリカにおける組織開発の様子に変化が生じます。クライアントは取り組みの成果や即効性を求めるようになりました。組織の「ハードな側面」（戦略や組織構造、制度）の変革を求めるニーズが高まり、組織の「ソフトな側面」への働きかけを中核とした伝統的な組織開発は、それだけではクライアントのニーズや問題に応えることが難しくなってきました。

そして組織開発は、〝得意技〟である「ヒューマンプロセス」の変革だけではなく、戦略立案や人的資源管理（ＨＲＭ）の手法、そして、１９８０年代には日本型経営の手法であるＱＣ活動（品質を向上させるための小グループ活動）やＴＱＭ（総合的品質管理）も採り入れていきました。

その結果、組織開発の手法は広がり、その状況をカーンは「（組織開発は）雑多な手法と概念を詰め込んだパッケージに付けられたラベル」と表現するほど、多元化していきました。後ほど紹介する、カミングス＆ウォーリーによる組織開発の四つのタイプ分けは、手法レベルでの多様さをまさに表しています。

④新しいアプローチの登場と現在（1990年代以降）

1990年代中盤以降、組織開発に新しいアプローチが登場してきます。その一つは、組織内の多くの人々を一堂に集めて、現状に気づき、今後の取り組みを合意していく、大規模なミーティングをしていくアプローチです。それらは「ラージグループ介入（Large group interventions）」と名付けられました。これに含まれる手法として、「フューチャーサーチ」「ワークアウト」「オープン・スペース・テクノロジー」などが挙げられています。

前述したフューチャーサーチでは、社員、役員、顧客、取引業者、地元の人々などのさまざまな関係者が招かれます。これは、ミーティングの場に小さな全体システムを創《つく》り出そうとしており、「ホールシステム・アプローチ」（ホール whole は「全体」という意味）と呼ばれています。

また、前述したＡＩ（アプリシエイティブ・インクワイアリー）は1987年にクーパーライダーが提唱し、新しい組織開発のアプローチとして広がっています。

＊　＊　＊

これまで概観してきたように、アメリカにおいて組織開発は時代の変化とともに変遷しています。アメリカでは、組織開発の存在意義について議論が行われながらも新しいアプローチが登場し、発展し続けています。組織開発に関する本は毎年出版され、研修や教育プログラムはＮＴＬなどを中心に実施されています。

また、組織開発を専門とする大学院（修士課程）は全米にあり、修士課程を修了した人々は主に内部ＯＤコンサルタントになっていきます。組織開発の学会であるOD Network には、研究者、外部ＯＤコンサルタント、内部ＯＤコンサルタントなど、約４０００名の会員が所属しています。

１９６０年代から70年代には、組織内のＯＤ部門が独立して設置されている会社も多くありました。現在では、独立してＯＤ部門を置く組織、タレント・マネジメントの機能と融合してＴＭＯＤ（Talent Management & Organization Development）部門と名付けている組織、ＨＲ部門の下にＯＤのグループやチームを置く組織、ＨＲ部門の中に（ＨＲＤなどの）スタッフとして配置されている組織、など、さまざまな形態があります。

2－4　日本における組織開発の歴史

1960年代からの流れ

次に、日本における組織開発の変遷を検討していきます。

1958年、キリスト教教育の流れによって日本で最初のTグループが実施されました（この流れを受け継いで、私たちは南山大学人間関係研究センターで現在もTグループを実施しています）。その後、九州大学の三隅二不二《みすみじゅうじ》氏などの日本のグループ・ダイナミックス研究者も1960年代前半にTグループの研究に取り組みました。

日本においてTグループが産業界に導入されたのは1960年代半ばからです。アメリカ西海岸で実施されていたST（sensitivity training：感受性訓練）が産業界に直接導入されたことの影響で、1960年代後半から1970年代初めにかけて、Tグループは「ST」または「感受性訓練」と呼ばれて実施されました。この1960年代後半は「OD＝ST」と捉えられていました。

1960年代終盤や1970年代の初めからは、職場でグループワークなどの体験学習に取り組む「ファミリー・トレーニング」、職場のプロセス上の課題に気づき、その改善に取り組む「職場ぐるみ訓練」、業績への関心と人間への関心の統合を目指す「マネジリアル・グリッド」などが実施されました。

１９７０年代は、ＳＴやこれらのさまざまな組織開発の実践が行われたため、「ＯＤブーム」と呼ばれました。社内にコンサルティングチームを置く企業や社内で組織開発に取り組む企業も多くあったそうです。当時は産業能率短期大学（現：産業能率大学）で全国ＯＤ大会が毎年開催されていました。

その後、１９７０年代後半からは、社内の小集団活動の中心がＱＣ活動（品質向上のための小グループ活動）などに移り変わっていきます。社内で実践されてきた組織開発の諸活動も徐々に下火になっていきました。

その理由に、組織開発の実践に必要とされるＯＤ実践者の専門性が後進に引き継がれていかなかったことが挙げられます。ＯＤブームの時に社内で組織開発を推進してきた人々が、日本型のジョブ・ローテーションによって配置転換となり、組織開発の実践を新たに担当する人々にその意味やノウハウが引き継がれていかなかったのです。

また、組織開発の研究と実践に取り組む研究者が日本には少なく、それによって組織開発の本の出版が行われず、組織開発を学ぶ場（研修や教育プログラム）も提供されませんでした。その結果、組織開発の専門性をもつ人材が組織内に少なくなっていきました。

1980年代以降は、日本において、組織開発的な諸活動が「組織開発」や「OD」というラベルのもとではなく、他のラベル、たとえば、「組織活性化運動」「CI活動」（CIはコーポレート・アイデンティティの略、企業理念の浸透を目指した活動）、「組織風土の改革」など、さまざまなラベルのもとで行われてきました。

1990年代中盤のバブル経済崩壊の後は、本書の序盤で述べたように、日本企業は業績回復を目的にさまざまな変革を行ってきました。リストラや組織構造の変革、成果主義の導入や多様な雇用形態などの人事制度の変革、戦略の立案と浸透などです。この時代に行われたのは、組織の「ハードな側面」の変革が中心でした。組織文化や風土などの「ソフトな側面」の変革やヒューマンスキル系の研修への予算を削減する企業が当時多かったそうです。

2000年頃からは、社員間のコミュニケーションや関係性の向上を目指した取り組みとして、コーチング研修と、それに続く会議ファシリテーションを導入する企業が増えていきます。そして、コーチングやファシリテーションへの関心の高まりを背景として、それらの手法のベースであり、「幹」にあたる組織開発が脚光を浴びるきっかけになったのは、20

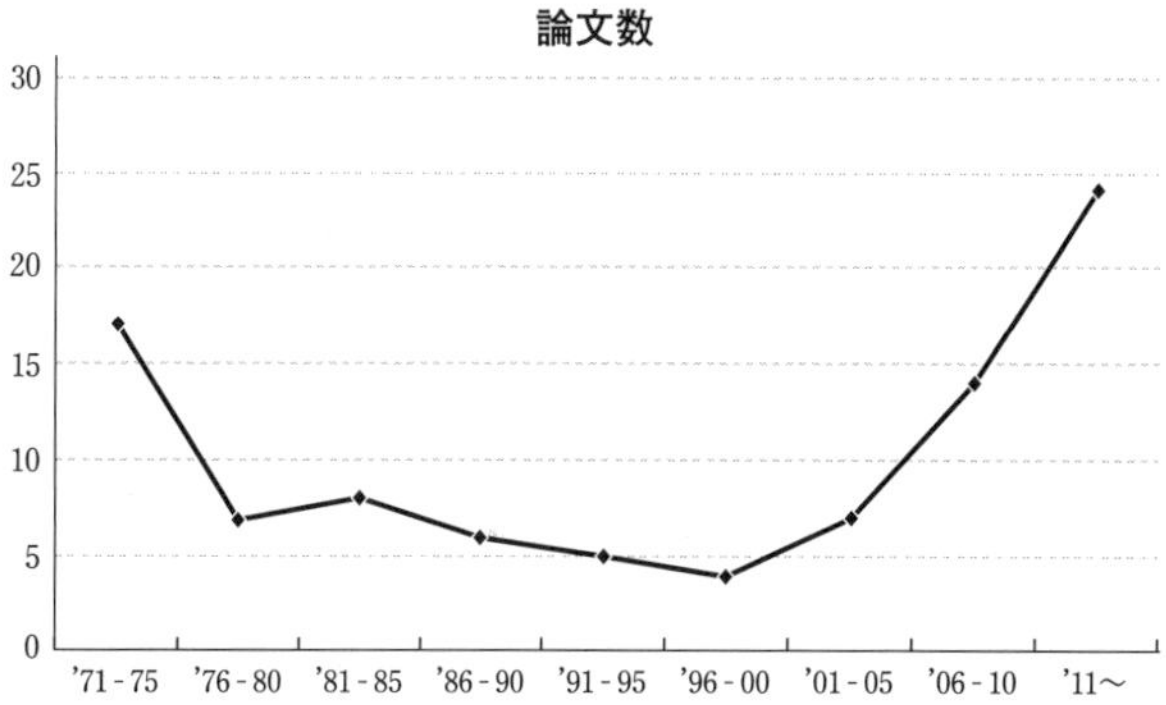

(学会誌や大学紀要に掲載された日本語の論文)

図８　組織開発がタイトルに含まれた学術論文の本数

０５年に公刊された『組織開発ハンドブック』（ピープルフォーカス・コンサルティング、東洋経済新報社）だったと私は考えています。その後、ヒューマンバリュー社から組織開発の手法に関する翻訳書が出版されました。

また、組織開発に関する記事や論文も増えていきました。図８は、日本の学会誌や大学紀要に掲載された学術論文の本数を、ＣｉＮｉｉという国立情報学研究所による論文検索データベースを使って私がカウントしたものです（２０１４年７月時点）。

この論文数には、学会発表やビジネス系雑誌への寄稿などは含めなかったため、それらを含めると全体数がもっと増えます。図８を見ると、ＯＤブームと呼ばれた１９７０年代前半は論文数が多く、その後減っていました。

ところが、２０００年代後半から論文数が増え始めています。最近10年の論文では、組織開発の特徴に関する論文、ＡＩなどの組織開発の手法に関する論文、学校組織開発に関する論文が多くなっています。

組織開発について学ぶことができる場も確実に増えています。組織開発を学ぶコミュニティとして２０１０年2月にＯＤネットワークジャパン（以下、ＯＤＮＪ）が設立されました。ＯＤＮＪでは２０１２年度から年次大会を開催するとともに、研究会や分科会が定期的に行われています。２０１４年の夏には国際大会が開催され、約４００名の参加者がありました。また、組織開発を学ぶ講座も２０１１年度から実施されています。

組織開発を学ぶ他の講座には、南山大学人間関係研究センターがアメリカＮＴＬメンバーを日本に招へいして実施する「組織開発ラボラトリー」、関西生産性本部主催「企業内組織開発推進者養成コース」、慶應丸の内シティキャンパス主催「組織開発論」などがあります。

日本発の組織開発の手法

組織開発の手法は欧米から日本に導入されたものが多いのですが、日本生まれの組織開発の手法もあります。それが、品質を向上させるために職場ごとで行われる自主的な小グループ活動であるＱＣ活動や、全社的に品質を管理する取り組みであるＴＱＣ（Total Quality Control）です。これらは日本で誕生して発展し、組織開発の手法としてアメリカに導入されました。そのため、日本では組織開発が盛んだと考えているアメリカの組織開発研究者もいます。

また、ＫＩやオフサイトミーティングも日本で生まれた手法で、日本型の組織開発の手法として位置付けることができます。ＫＩ（Knowledge Intensive Staff Innovation Plan）はナレッジワーカーを対象として、付箋を用いたワイガヤミーティングを行いながら課題を発掘し解決していくと同時に、「団体戦」ができるチームになっていく1年間のプログラムです。

また、オフサイトミーティングは、自由で集中的な話し合いが可能となるように社外でじっくりと対話を行う方法です。スコラ・コンサルトというコンサルティング会社によって、スコラ式オフサイトミーティングが体系化されています。

2－5　組織開発の手法

「何をするか」より「あり方」

前述したように、組織開発はその源流から重視されてきた価値観があり、価値観ベースの実践とされています。そのため、「何を行うか（doing／doable）」という「手法」で組織開発らしさを説明することは困難を伴います。

私は、組織開発では、OD実践者が「何をするか（doing）」よりも、改善や変革を促進することを目指した、当事者との関係構築に向けた「あり方（being）」が大切だと考えているので、手法の話だけを前面に出すことを好ましく思っていません。

また、日本人はすぐに「何をするか」という手法に目が向きやすい傾向があります。ある手法をそのまま杓子《しゃくし》定規にある職場に当てはめてもうまくいくとは限らず、状況や現状に言及せずに一般論として「〇〇という手法はいい」「〇〇という手法はうまくいった」と話すことはナンセンスだと考えています。実際、実施する取り組みを現状に合わせて「カスタマイズすること」が組織開発では大切だとされています。

一方、組織開発で用いられる手法の説明をしなければ、組織開発を具体的にイメージしにくいのもまた事実です。そこで次に、組織開発で用いられる手法について簡単に紹介していきます。

「介入」という言葉の背景

組織開発では、ＯＤ実践者が変革の対象となる個人／対人関係／グループ（部署や部門）／組織に対して働きかけていくことを、アクションまたは「介入（intervention）」と呼んでいます。

「介入」という言葉は、「軍事介入」のように、力をもった外部者が無理やり入ってくるという状態を想起させます。実際、日本語の「介入」は、「問題・事件・紛争などに、本来の当事者でない者が強引にかかわること」（広辞苑より）と表されます。

私はinterventionを「働きかけ」と訳した方が本来の意味に近いように感じています。また、「介入」は外部者によるものという前提があります。内部者（当事者自身）が組織開発の取り組みをしていく場合、そのアクションを「介入」と表現するのは妙です。

一方、「介入」という言葉が用いられてきたのは、それなりの背景もあります。

intervention の動詞 intervene は「○と○の間に入る」という意味が第一ですが、「調整する」「取りなす」という意味もあります。したがって、間に入られる人にとって助けになる、という意味の「介入」であると捉える必要もあります。

金井壽宏氏は、アサーション・トレーニングの専門家である平木典子氏の「介入というのは、（トレーナー／コンサルタントが）それぐらいの覚悟をもって入るということ」という言葉を紹介しながら、「介入」という言葉には、入る側の「覚悟」が込められていると強調しています。

「介入」か「働きかけ」か、または他の言葉か、ぴったりする言葉をこれからも探求し続けることにして、私はここ数年、「働きかけ」という言葉を使ってきましたので、本書でも「働きかけ」と表記したうえで、組織開発で用いられる手法を紹介していきます。

プロセスに働きかける手法

アメリカでの組織開発の歴史で触れたように、１９６０年代までは組織開発は「プロセス」というソフトな側面に対する働きかけが中心でした。「プロセス」といってもいろいろな意味がありますが、ここでは人と人との間に起こっているプロセスという意味で「ヒューマンプロセス」とも呼ばれています。

組織開発で用いられる手法は現在では多元化し、さまざまな手法が用いられています。組織開発の手法について具体的に紹介していく際、まずは組織開発らしい手法として、人と人との間に起こっているプロセスに働きかける手法について簡単に紹介していきます。

人と人との間に起こっているプロセスには、システム論的に捉えると、個人のレベル、グループ（部署、部門）のレベル、グループ間（部署間、部門間）のレベル、組織（全社）のレベルという、さまざまなシステムのレベルがあります。そのため、どのシステムのレベルに働きかけるかによって、用いられる手法も異なってきます。

手法の例をレベルごとに次に挙げました。名前だけで中身をイメージしにくい手法もあると思いますが、まずはリストをご覧ください。

個人レベル
- トレーニング
- コーチング
- メンタリング

・フィードバック（360度フィードバックなど）
・アセスメント
・リーダーシップ開発（※）

グループ／チームレベル
・チーム・ビルディング
・ファシリテーション
・ファミリー・トレーニング
・プロセス・コンサルテーション（グループプロセス・コンサルテーション）（※）
・職場ぐるみ訓練
・データ・フィードバック（※）
・リトリート／オフサイトミーティング
・力の場の分析

グループ間レベル
・グループ間活動
・対立解決セッション（※）
・第三者による調停
・サーベイ・フィードバック

組織全体レベル
・グリッドOD（マネジリアル・グリッド）
・コンフロンテーション・ミーティング（対決会議）
・サーベイ・フィードバック
・組織活性化運動
・組織文化の変革
・ホールシステム・アプローチ（フューチャーサーチ他）

グループ／グループ間／組織全体レベルで用いることが可能な対話の手法
・AI（アプリシエイティブ・インクワイアリー）（※）
・OST（オープン・スペース・テクノロジー）
・ワールドカフェなど

このように、プロセスに働きかける手法だけでも多くのものがあります。手法の名前の後ろに※印を付けたものについては第3章で詳しく紹介します。※印が付いていない手法については紙面の関係上、説明は省きますが、インターネット上で解説されているサイトがありますので、検索のうえ参照してください。

組織に起きやすい四つの諸問題

第1章で、組織におけるマネジメント課題として、「目的・戦略」「構造」「業務の手順・技術」「制度」「人」「関係性」の六つを挙げました。これは、組織開発の手法を四つに分類した、カミングス&ウォーリーのタイプ分けを参考にしながら、私が細分化したものです。ここでは、カミングス&ウォーリーの用語を紹介しながら、さらに詳しく述べていきます。

カミングス&ウォーリーは、組織に起きやすい諸問題として次の四つを挙げました。

①戦略的な諸問題
②技術・構造的な諸問題
③人材マネジメントの諸問題
④ヒューマンプロセスの諸問題

です。

①の戦略的な諸問題とは、現代の競合的な環境の中で、将来どのような製品やサービスをどのような市場に提供していき、どのように優位に立っていくか、というものです。

②の技術・構造的な諸問題とは、仕事をどのように分け（部署や部門などの組織構造の構成）、部署間をどのように調整するか、仕事をどのように進めるか（仕事の仕方や従業員の関与による改善）という、組織構造と業務プロセスに関することです。

③の人材マネジメントの諸問題とは、人々のモチベーションを高めるためにどのように目標を設定するか、どのように報酬を与えるか、どのように人々のキャリアを発達させるか、

というものです。

④のヒューマンプロセスの諸問題とは、既に先に述べたように、組織内の人と人との間で起こるプロセス、たとえば、コミュニケーション、意思決定、リーダーシップ、関わり方、風土や文化などを指します。

代表的な四つの働きかけ

カミングス&ウォーリーによる組織に起きる四つの諸問題と、第1章で私が挙げた六つのマネジメント課題との対応は、①戦略的な諸問題が「戦略」、②技術・構造的な諸問題が「構造」と「業務の手順・技術」、③人材マネジメントの諸問題が「制度」と「人」、④ヒューマンプロセスの諸問題が「関係性」に該当します。

組織に起こる四つの諸問題と、それらの諸問題に対する代表的な働きかけの手法として、カミングス&ウォーリーが提案した分類が図9です。

①「戦略的働きかけ」は、組織の長期的な戦略を明確にし、その浸透に取り組むストラテジック・プランニング、組織と組織の合併や提携、方法や理念の浸透などの組織文化の変革、などが含まれています。戦略的働きかけは近年ますます重視されています。

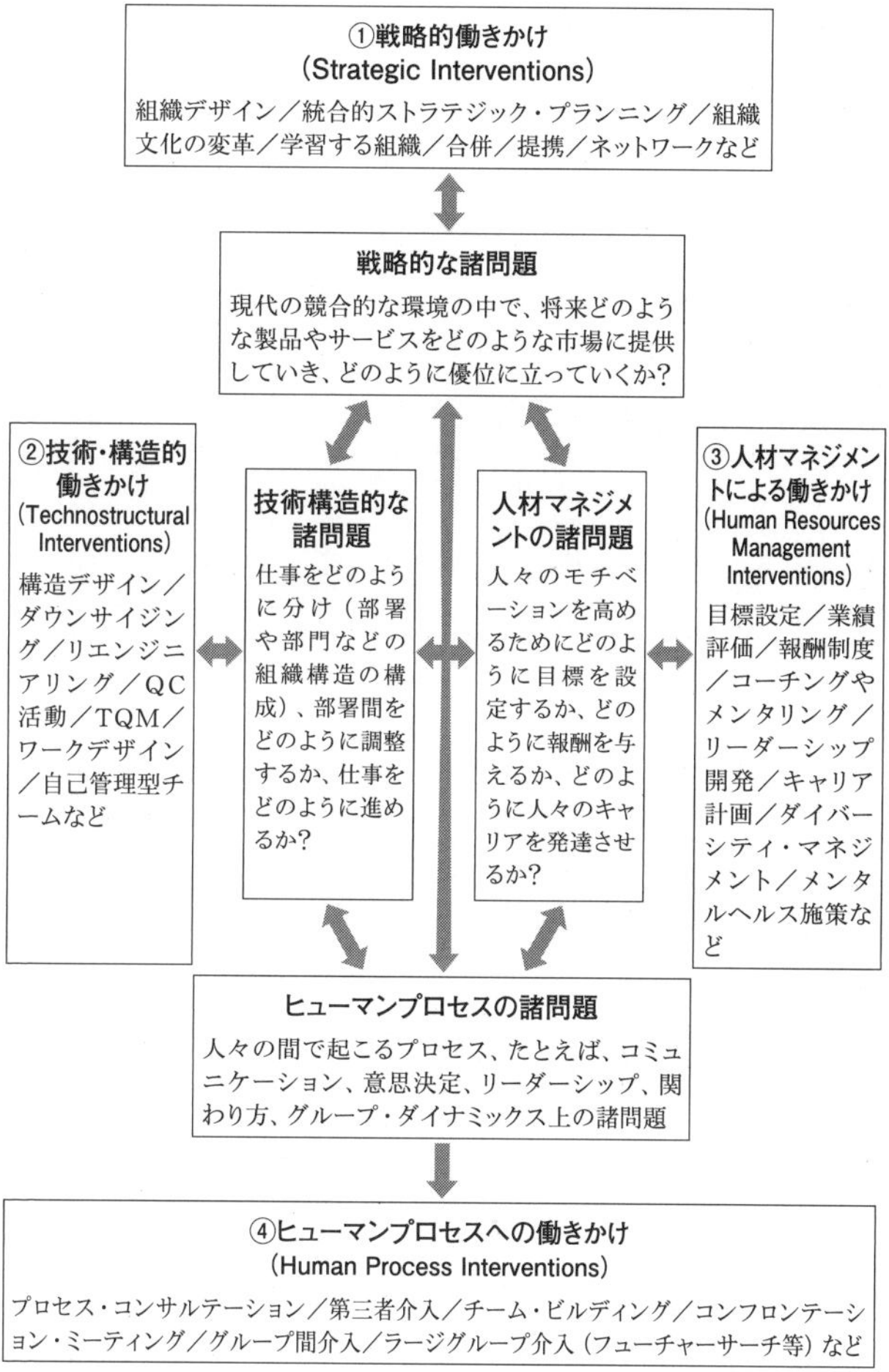
①戦略的働きかけ
(Strategic Interventions)
組織デザイン／統合的ストラテジック・プランニング／組織文化の変革／学習する組織／合併／提携／ネットワークなど
戦略的な諸問題
現代の競合的な環境の中で、将来どのような製品やサービスをどのような市場に提供していき、どのように優位に立っていくか?
②技術・構造的働きかけ
(Technostructural Interventions)
構造デザイン／ダウンサイジング／リエンジニアリング／QC活動／TQM／ワークデザイン／自己管理型チームなど
技術構造的な諸問題
仕事をどのように分け（部署や部門などの組織構造の構成）、部署間をどのように調整するか、仕事をどのように進めるか?
人材マネジメントの諸問題
人々のモチベーションを高めるためにどのように目標を設定するか、どのように報酬を与えるか、どのように人々のキャリアを発達させるか?
③人材マネジメントによる働きかけ
(Human Resources Management Interventions)
目標設定／業績評価／報酬制度／コーチングやメンタリング／リーダーシップ開発／キャリア計画／ダイバーシティ・マネジメント／メンタルヘルス施策など
ヒューマンプロセスの諸問題
人々の間で起こるプロセス、たとえば、コミュニケーション、意思決定、リーダーシップ、関わり方、グループ・ダイナミックス上の諸問題
④ヒューマンプロセスへの働きかけ
(Human Process Interventions)
プロセス・コンサルテーション／第三者介入／チーム・ビルディング／コンフロンテーション・ミーティング／グループ間介入／ラージグループ介入（フューチャーサーチ等）など

図９　組織開発の手法のタイプ分け（カミングスとウォーリー〈2015〉に基づき、筆者が加筆して作図）

②「技術・構造的働きかけ」は、組織の構造を変革する手法と、仕事の技術（仕事の仕方）を改善する手法とが含まれます。組織の構造を変革する手法には、組織デザインの変革（マトリックス組織やフラット型組織への変革など）やダウンサイジングが含まれます。技術・構造的働きかけのもう一つの要素である、仕事の技術や仕方を改善する方法には、リエンジニアリングやQC活動、ワークデザインなどが含まれています。

③「人材マネジメントによる働きかけ」は、日本の人事部が実施する制度構築や施策実施の手法が含まれています。目標による管理の制度、業績評価と報酬への反映という成果主義、キャリア計画とキャリア開発などです。社員のメンタルヘルス対応のための施策もここに含まれます。このタイプの特徴は、社員のワークモチベーションやキャリア、メンタルヘルスなどの人的要因に対して、制度や施策を通して働きかけることです。

ちなみに、カミングス&ウォーリーによる以前の版（2005年に出版された第8版）までは、コーチングやメンタリング、リーダーシップ開発といった個人に対する働きかけの手法はヒューマンプロセスへの働きかけの中に位置付けられていました。

彼らの2009年に出版された版（第9版）から、コーチングやメンタリング、リーダーシップ開発など、社員の個人レベルに対する働きかけの手法は「人材マネジメントによる働きかけ」、対人間やグループ内、グループ間、組織内のレベルの関係性に働きかける手法は「ヒューマンプロセスへの働きかけ」に位置付けられています。

④「ヒューマンプロセスへの働きかけ」は先に簡単に紹介しました。このタイプは図９では一番下、つまり、土台として位置付けられています。

カミングス&ウォーリーが示した、組織開発の手法には、組織を変革する際に用いられる手法のほとんどが含まれています。そのため、彼らによるタイプ分けからは、組織開発らしさがよくわからなくなります。

前述したように、組織開発で変革する対象は、プロセスという人間的側面（ソフトの側面）であるとしていました。そういう意味では「ヒューマンプロセスへの働きかけ」が最も組織開発らしく、組織開発の歴史もそこから始まっています。

一方、組織開発で用いられる手法が広がったのは、組織開発が発展する歴史の中で、ビジネスのニーズに応えるために、さまざまな手法を採り入れてきたことによります。そのため、組織開発の比較的新しい定義では、プロセスという組織のソフトな側面と、ハードな側面である戦略、構造、制度や仕組みなどとの一致性を高めることに言及しています。したがって、「組織開発＝ヒューマンプロセスへの働きかけ」は古く狭い捉え方であり、組織開発では四つのタイプの手法が用いられると現在では捉えられています。

しかし、組織のハードな側面のみを変革していくアプローチは、組織開発ではなく、別のカテゴリーに属します。ヒューマンプロセスに注目しない変革、たとえば、「戦略的働きかけ」のみは戦略コンサルティング、「技術・構造的働きかけ」の中の業務改善のみは業務改善コンサルティング、「人材マネジメントの働きかけ」は人事コンサルティングが得意とする手法です。

一方、「戦略的働きかけ」「技術・構造的働きかけ」「人材マネジメントによる働きかけ」という、組織のハードな側面の変革が行われながら、同時に、ヒューマンプロセスの諸問題という、組織のソフトな側面にも充分に焦点づけられて配慮されながら進められていれば、それは組織開発的なアプローチになるといえます。

組織開発の特徴を手法レベルで説明することはできません。ある手法が用いられながら、そこで大切にされている価値観（人間尊重の価値観、民主的な価値観）や、その手法が導入され実施されるプロセスにも着目していく点が組織開発らしさだと筆者は考えています。これが、組織開発は価値観ベースの実践とされている所以《ゆえん》です。

日常でいかに実践するか

ここまで、組織開発で用いられる手法について述べてきました。しかし、ある手法や取り組みを大々的に実施するだけが組織開発ではありません。自分の部署をよくしていくためには、計画的に実施される大きな取り組み以上に、日常での組織開発的な関わりが大切になってきます。組織開発の基本は「プロセスに気づき、働きかけ、よくすること」です。これは日常の部下や同僚とのコミュニケーションや、会議などで行うことが可能です。

たとえば、会議を始める際に、チェックインとして「今日の会議に入っていく、今の気持ち」を一巡してわかちあう、会議の途中で、進め方やコミュニケーションの様子を確認するために、「今の進め方で気になっていることは？」と尋ねるプロセス・チェックをしてみる、などがいい例です。日頃のこのような関わりが実は重要で、このようなプロセスに目を向ける関わりを積み重ねることが、プロセス・ロスが少なく、効果的で健全な部署、部門、組織をつくっていく鍵となると思います。すなわち、日常での実践が組織の体質改善につながっていきます。

ただ、ここで注意が必要なのは、チェックインやプロセス・チェックをすれば職場がよくなる、という、単純なものではないということです。

先に、ドゥアブル（行動内容）とデリバラブル（提供価値）という視点について触れましたが、日常で実践する組織開発的な関わりについても、「チェックインを会議前に毎回しています」というドゥアブル（何をしているか）、という視点以上に、どのような職場にしていきたいか、そのためにあなたは何をもたらしたいか、というデリバラブルの視点が大切になってきます。

組織開発での究極的な問いは、「あなたはどのような職場や組織をつくりたいのか？」、さらに絞り込むと、「あなたはどのような関係性が育まれている職場や組織をつくりたいか？」ということだと私は考えています。

1人ひとりが活き活きとし、働く幸せを感じる職場をつくりたいと願うならば、そのような価値を提供できるように日々の関わりを自ら実践すること、これが組織開発の基本であり、最も重要で本質的なことだと考えます。

[第 3 章]

組織開発の進め方

前章では、組織開発の特徴や手法を概説的に説明しました。しかし、前章を読んだだけでは、実際に組織開発をどのように進めればいいのかというイメージが湧きにくい読者も多いのではないかと思います。そこで本章では、組織開発の具体的な流れについて考えていきます。

２０１３年度に関西生産性本部主催で訪米組織開発調査団のコーディネーターとしてアメリカに行き、組織開発に取り組んでいる企業を訪問した際に感じたことですが、組織開発の導入の仕方や進め方は大きく二つに分かれると考えられます。

その一つは、ＧＥ（ゼネラル・エレクトリック社）に代表される、組織開発を理解した「強い」リーダーを養成し、リーダーが自部門の組織開発に取り組むというスタイルです。これを本書では「リーダー養成型組織開発」と呼んでいきましょう。以下の節ではまず、このリーダー養成型組織開発の進め方について紹介していきます。

もう一つは、企業の中にある組織開発の部署に内部ＯＤコンサルタントがいて、企業の中のある部署や部門から支援の要請があれば、そこに対して内部ＯＤコンサルタントという組織開発の専門家が支援を行っていくというスタイルです。

内部ＯＤコンサルタントは対象となる部署や部門の当事者とともに、パートナーとして変革の支援を行うので、このスタイルを本書では「パートナー型組織開発」と呼んでいきましょう。外部ODコンサルタントが変革の支援を行う場合もこのスタイルになります。

リーダー養成型組織開発による取り組みを紹介した後に、「パートナー型組織開発」の進め方の例として、データ・フィードバックによる取り組み、プロセス・コンサルテーションによる取り組み、対立解決セッション、AI（アプリシエイティブ・インクワイアリー）による取り組みを紹介していきます。

3－1　リーダー養成型組織開発による取り組み

GE独自の手法

組織開発の知識と手法を理解したリーダーを養成し、そのリーダーが、自らが所属する部署や部門に対して組織開発に取り組むというアプローチです。

ここでは、リーダー養成型の組織開発を推進している、GEでの実践について検討していきましょう。

GEは、世界的に有名なリーダー養成の研修施設をアメリカ・ニューヨーク州クロトンビルにもっています。リーダー候補者は世界中からこの研修施設に集い、1週間またはそれ以上の滞在型のトレーニングを受けます。リーダー候補者は、時にGE幹部から直接話を聞きながら、GEが大切にするバリュー（価値観）の重要性をさらに理解するとともに、ディスカッションやケーススタディを通して問題解決やマネジメントを学んでいきます。また、ワークアウトやCAP（チェンジ・アクセラレーション・プロセス）といった、GE独自の手法を学びます。

ワークアウトは課題の解決策をチームで考えて提案し、実行する取り組みです。一方、CAPは部門や組織などでビジョンを創り、変革を計画し、それを定着させていく一連の方法です。これらの手法は、組織開発の専門家でなくても実施できるようにパッケージ化されているところに特徴があります。つまり、これらの手法をリーダーは研修で学び、それを学んだリーダーが自分の部署や組織で実行できるようになっているのです。

GEのリーダー養成は研修を通してだけではなく、評価の仕組みやジョブ・ローテーションを通しても行われています。評価では、9ブロック（業績×バリューの2次元によって分けられた9マスに社員をプロットする考え方）をベースとし、業績だけではなくGEのバリューも重視されています。

また、ジョブ・ローテーションでは、特に幹部候補者はＨＲや組織開発の部署を一度は経験し、人や組織のマネジメントを重視する素養を身に付けていくといいます。このように研修や人事の仕組みを通して、ＧＥではバリューを体現した強いリーダーを養成するのですが、これがリーダー養成型組織開発の一つのモデルになっています。

ちなみに、日本で行われているリーダーやマネージャーに対してのリーダー研修、コーチング研修、ファシリテーション研修を実施していくことも、リーダー養成です。実は日本では、プロセスに働きかける手法として最も用いられているのが研修（トレーニング）です。

しかし、日本の多くの企業で行われている、階層別研修としてある層全員に実施していく取り組みと、ここで紹介しているリーダー養成型組織開発は、いくつかの違いがあります。それは、取り組みが組織全体の風土や文化を変革することを目指しているかどうか、そのための段階や仕組み、長期的な取り組みが行われているかどうかにあります。

以下では、ＧＥの取り組みから話は移りますが、マネージャーが変わることを通して組織全体の風土の変革を目指すアプローチである、組織開発の古典的な手法について紹介していきます。古典的な手法には、組織開発の歴史の中で脈々と受け継がれて醸成されてきた、本質（エッセンス）が根底にあります。そのエッセンスを理解するために、「マネジリアル・グリッド」について次に考えていきましょう。

「マネジリアル・グリッド」——組織開発の古典的な手法

先程、ＧＥは業績×バリューの発揮度の両方から評価していることを紹介しました。このように、どのようなリーダーになっていくことが望ましいかを明確にして、その軸を評価に採り入れることは、リーダーの養成を通した組織開発では非常に重要です。伝統的な組織開発の考え方である「マネジリアル・グリッド」でも、管理者であるマネージャーに目指す方向を示し、評価の枠組みとなる軸が存在しています。

マネジリアル・グリッドによる組織開発は１９６０年代に提唱され、１９７０年代には日本でも取り組まれました。最近ではあまり注目されていませんが、この考え方やアプローチは組織開発を考える基本となるもので、現代でも適用できる普遍的なモデルです。より詳しく見ていきましょう。

マネジリアル・グリッドでは、マネージャーや組織を評価する軸として、業績に対する関心と人に対する関心の二つを挙げています。業績に対する関心とは、仕事が中心であり、業績を上げることを重視し、業績目標を達成することに関心を向けている程度のことです。

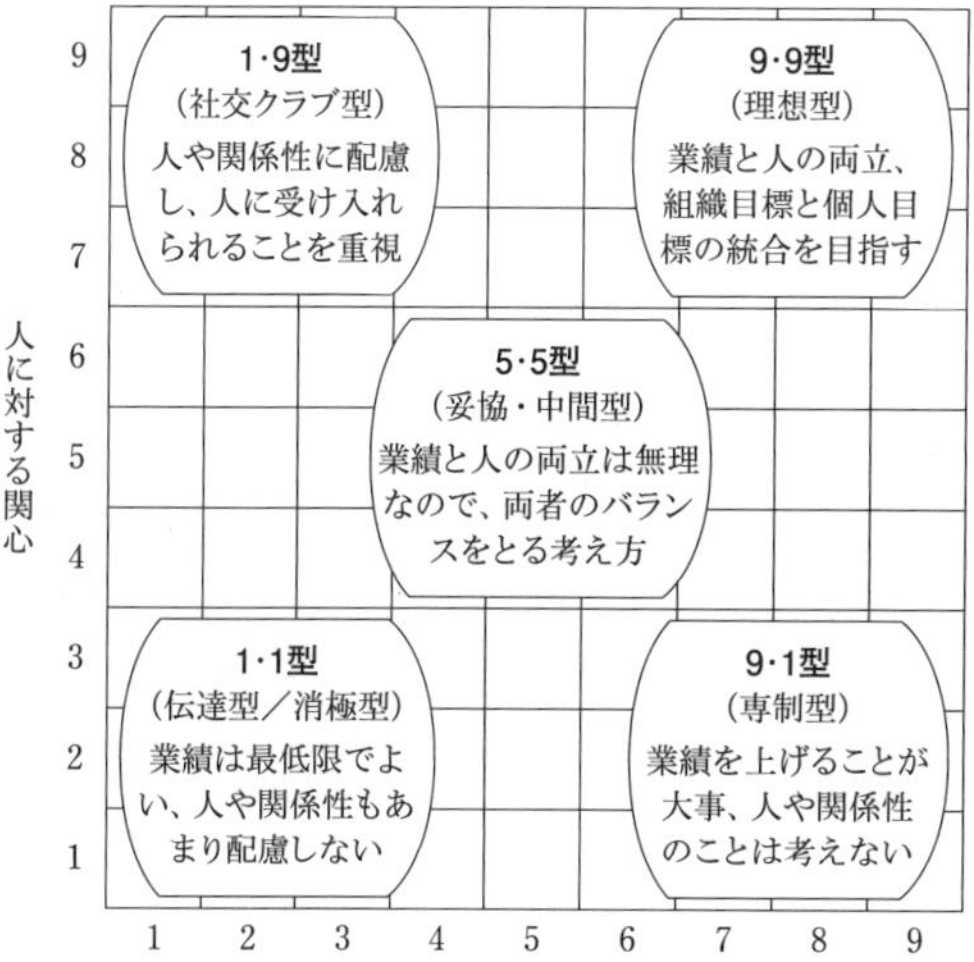

図10　マネジリアル・グリッド

一方の人に対する関心とは、人の幸福とお互いの関係性に関心が向いている程度のことです。開発者であるブレーク&ムートンは、この二つの観点を図10のように2次元に位置づけました。各軸について関心の程度を1〜9として（1＝関心が低い、9＝関心が高い）、理論上は9×9の81のマス目が想定できるのですが、その中で代表的な5タイプに絞りました。

ブレーク&ムートンが強調したのは、業績を上げることと人を大切にすることは両立しないので、業績か人かの二者択一を迫られるものである、と多くの人が考えていると示したことです。

いわゆる、仕事か人間関係か、のトレードオフです。

実際、「あの人のものの言い方や配慮のなさには腹が立つけど、仕事ができるから、仕方がないか」「あの人は仕事ができないけど、性格がいいから、受け入れられている」といった会話が交わされることがあると思います。仕事ができる能力があることと、人間関係を円滑に保つことの両立は難しく、どちらか一方、または両方がそこそこになりがちだと捉える考え方が、仕事か人間関係かのトレードオフです。

これに対してブレーク&ムートンは、業績に対する関心と人に対する関心は必ずしも相反するものではなく、両方に対する関心を高めて統合することが可能であると考えました。それが9・9型であり、マネージャーや組織の風土として理想的な形だと考えました。9・9型は「チーム・マネジメント型」とされていて、高い業績目標を達成することを目指すとともに、部下が主体的に考えて実行し、人間的に成長することも目指します。

コミュニケーションは上司から部下への指示命令型ではなく、双方向の活性化したコミュニケーションがなされ、意思決定も参画型で行われます。部下の主体性を育み、職場内のコミュニケーションを活性化していくことは、現代のコーチングやファシリテーションに共通しています。

マネジリアル・グリッドによる組織開発（「グリッドOD」と呼ばれています）では、マネージャーがマネジリアル・グリッドを理解し、9・9型のマネージャーに変化していくことを最初のステップとして、組織風土の変革に取り組んでいきます。

まず、研修でマネージャーに対してマネジリアル・グリッドを教え、マネージャーやリーダーが目指す共通の枠組みとして浸透させます。マネージャーという個人レベルに対して9・9型に変化していく取り組みを行い、次に職場レベルでチームの風土が9・9型に変化していくための改善に取り組みます。さらに、部門間、組織全体の風土変革に取り組んでいきます。

第1章で利益偏重主義について触れた際、組織開発では割り切らないことが大切にされていると述べました。経済的価値と人間尊重の価値が対立する場面で、どちらか一方を捨てて割り切るのではなく、同時最適解を探るというのが組織開発らしさだと私は考えていますが、それはマネジリアル・グリッドの考え方でも大切にされています。

業績に対する関心と人に対する関心がトレードオフになるのではなく、両方が統合されることを重視し、両立に向けて働きかけることができるマネージャーの養成に取り組みます。そして、人や関係性に対して関心が高く、働きかけることができるマネージャーを養成することを通して、段階を経て組織全体の風土や文化を変革していきます。

リーダー養成型組織開発とリーダー研修の違い

グリッドODによる取り組みの際、共通の枠組みとなるのがマネジリアル・グリッドです。また、GEが9ブロックという枠組みを共通のものとして浸透させているように、リーダー養成型の組織開発ではリーダーの理想像としての枠組みを設け、その浸透を図りますが、その際に業績以外の軸も重視されています。

コーチング研修やファシリテーション研修を通してリーダーが変わり、組織の風土や文化を変革していこうとする取り組みは、日本の多くの組織で近年行われています。しかし、研修を実施することに留まり、組織の風土が変わるまでに至っていない場合も多いと思われます。GEでの取り組みやマネジリアル・グリッドの考え方からすると、リーダー養成を通して組織開発を進めていくには次の要素が必要になってきます。

①理想となるリーダー像のモデルを浸透すること
②リーダーが職場で実践していくための仕組み（取り組みの推奨や場の設定、評価）が必

要であること

③業績だけではなく、GEでのバリュー、または、マネジリアル・グリッドでの人に対する関心のように、人間的側面の軸を組織のトップが重視し、その浸透に本気で取り組むこと

です。これらの要素が、リーダー養成型組織開発と、多くの日本企業で行われている、リーダーやマネージャー対象の研修の実施との違いです。

ここまで、リーダー養成型の組織開発について考えてきました。

次に、パートナー型の組織開発の具体的な進め方について紹介していきます。

3－2　パートナー型組織開発による取り組み

チェンジ・エージェントがシステムの外にいる取り組み

リーダー養成型組織開発は、組織開発の対象となる職場、部署、部門に所属するリーダー

やマネージャーが実践していきます。つまり、組織開発の実践をするチェンジ・エージェントがシステムの中にいることになります。一方のパートナー型組織開発では、対象となる職場、部署、部門などの外にいるOD実践者（ODコンサルタント、または、組織内部のOD実践者）が変革のパートナーとなり、当事者とともに変革に取り組みます。つまり、チェンジ・エージェントがシステムの外にいることになります。

組織開発の多くの取り組みや手法は、このパートナー型として発展してきました。具体的な手法としてこれから紹介していく、データ・フィードバック、プロセス・コンサルテーション、対立解決セッションは全て、OD実践者がパートナーとなって、当事者とともに変革に取り組んでいく、パートナー型組織開発です。

まずは、OD実践者が当事者（クライアント）のパートナーとして、職場や組織の現状について調査してデータを集め、その結果をフィードバックしていくという、データ・フィードバックによる組織開発について考えていきましょう。

①データ・フィードバックによる取り組み

データ・フィードバックとは？

組織開発では、現状についてデータを収集し、データに基づいて現状が把握された後に、その現状を変革できるアクションの内容を計画することが大切にされています。そのため、組織の現状としてどのようなプロセスが起こっているのかを調べて把握することはとても重要です。

ＯＤ実践者が現状についてデータを集め、整理や分析を行い、整理したデータを当事者にフィードバックすることを通して変革を推進する取り組みは「フィードバック」、または「サーベイ・フィードバック」と呼ばれています。

「フィードバック」という言葉はさまざまな意味が含まれ、「サーベイ・フィードバック」はアンケート調査や質問紙調査（サーベイ）の結果をフィードバックしていくことを意味しているので、狭義の意味で用いられることになります。本書ではもう少し広い範囲を考えているので、「データ・フィードバック」と呼んでいくことにします。

また、第2章で述べたように、ＯＤ実践者がデータ収集、データ分析、フィードバックというフェーズを実施するアプローチは「診断型組織開発」と位置付けられています。

診断型組織開発のフェーズは、第2章で紹介した「ＯＤマップ」では、①エントリーと契約、②データ収集、③データ分析、④フィードバック、⑤アクション計画、⑥アクション実施、⑦評価、⑧終結、という八つから構成されています（85ページ、表1参照）。

以下では、データ・フィードバックの取り組みの中心となる、①から④までのフェーズについて考えていきましょう。

データ・フィードバックの対象となるレベル

データ・フィードバックは、個人のレベル、部署というグループのレベル、部門と部門の間というグループ間のレベル、全社という組織全体のレベルで実施することが可能です。対象となる部署や部門、組織の中で、どのようなプロセスが起こっているのかに気づくことが目的です。個人のレベルの場合、自分についての情報やデータを上司や部下、同僚からもらう仕組みである、３６０度フィードバックなどが行われます。

部署などのグループのレベルであれば、お互いのコミュニケーションや協働性、お互いの関係性、職場の風土や規範（ノーム）などのプロセスの諸側面について現状を調べ、その結果が部署のメンバーにフィードバックされます。方法としては、インタビュー調査、会議や日頃の職場の様子の観察、質問紙調査などによってデータが集められます。

組織全体のレベルであれば、組織の風土や文化、従業員満足度などが質問紙調査（アセスメント）によって調査されます。先ほども触れたように、アンケートなどの質問紙調査は「サーベイ」と呼ばれ、質問紙調査の分析結果に基づいて進めるものは「サーベイ・フィードバック」と呼ばれています。

仮想事例

以下では、部署のレベルでインタビューによってデータが収集された場合のデータ・フィードバックの取り組みについて、仮想事例に基づきながら紹介していきます。

外部ODコンサルタントのAさんは、ある会社の組織開発を依頼され、従業員の関係性に問題を抱える、いくつかの部署の変革を支援することに取り組んでいました。そのような中で、営業所の一つが問題を抱えており、所長もその問題を解決して営業所をよくしたいと願っていて、自分の営業所に対する支援の依頼をしました。

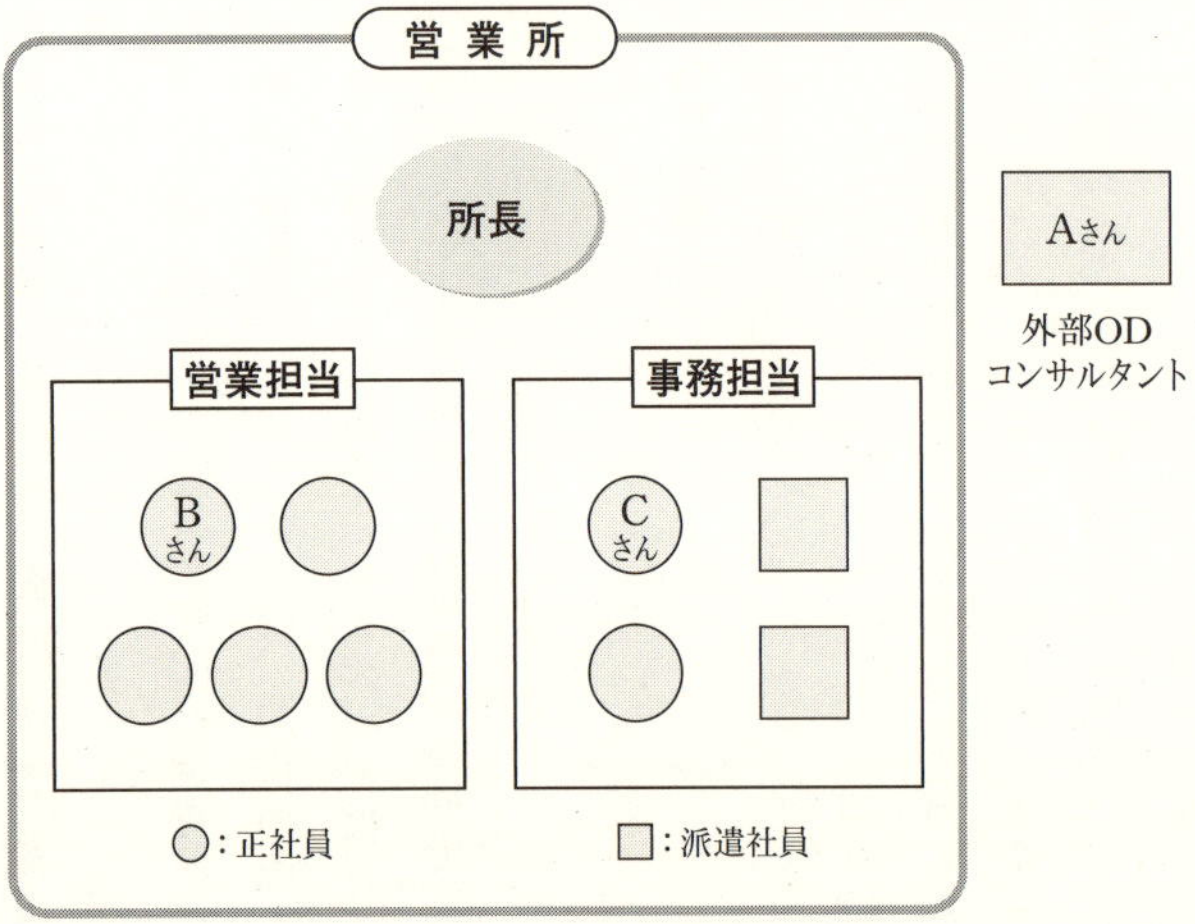

図11　対象となった営業所の人員構成

対象となる営業所は10名（正社員8名〈所長1名、営業担当の社員5名、事務担当の社員2名〉、事務担当の派遣社員2名）から構成されていました（図11）。

その営業所の問題として、職場に活気がなく、職場がいつもシーンとしている、営業担当は個人プレーで情報交換がなされていない、営業担当が事務担当者を見下して機械的に指示を出す、などが挙げられました。外部ODコンサルタントであるA氏はこの営業所の所長と会い、「エントリーと契約」のフェーズから始めていきました。

①エントリーと契約

組織開発の取り組みの最初に、Aさんは最

初に所長と会い、所長のニーズや現状認識を聴きます。組織開発の取り組みの対象は営業所で、この対象を組織開発では「クライアント・システム」と呼びます。システムは第２章で説明した、システム理論でいうシステムです。そして、クライアント・システムにＯＤ実践者が最初に入っていくという意味で「エントリー」と呼ばれています。

Ａさんは所長の話を聴いたうえで、組織開発の取り組みを実施して、どのような現状がどのような状態になることを目指すのか、そのためにどのような過程で取り組むのか、ＯＤ実践者とクライアントの役割（責任）は何か、といったことについての合意をします。この合意が「契約」であり、心理的契約が非常に重要になってきます。

この仮想事例では、対象は営業所の従業員10名全員で、営業担当者間、営業と事務の間、事務担当者間の連携やコミュニケーションがうまくいっていない現状に気づくことから始めることになりました。そして、変革に取り組むことを通して、お互いの連携を高め、コミュニケーションや情報交換を豊かにし、活気がある職場にしていくことを目指すことで合意されました。

具体的な進め方としては、現状についてＯＤ実践者が全従業員にインタビューをすることで、いま置かれている状況についてのデータを集めます。データを整理したうえで、全従業員にフィードバックし、それを通して従業員が現状に気づき、変革に向けての行動を自分たちで計画していくことが目指されました。

また、ＯＤ実践者の役割（責任）は、現状を把握するためにデータを収集し、フィードバックを行うこと、インタビューで語られた内容について守秘義務を負うこと、クライアントである従業員の役割（責任）は、インタビューに協力すること、変革のための行動計画は自ら主体的に行うこと、と合意されました。

②データ収集

Ａさんは、現状で起こっているプロセス、特にお互いの連携やコミュニケーションについてデータを収集するために、従業員に対してインタビューを実施しました。インタビューは個別に行われ、１名に対して約30～45分ほど行われました。

まずＡさんは、インタビューを実施する前に、「インタビューで語られた内容は整理したうえで皆さんに報告しますが、誰が語ったかは報告せず、全体的な傾向として報告しますので、営業所内のお互いの関係の現状について感じていることを語ってください」と伝えました。

その後、Ａさんは次の質問をしていきました。

「この営業所で、うまくいっていると感じているのはどんなところですか？」

「この営業所で、問題だなぁと感じているところや改善が必要だなぁと感じているのはどんなところですか？」

「営業担当者の間の連携やコミュニケーションの様子についてどんなふうに感じていますか？」

「事務担当者の間の連携やコミュニケーションの様子についてどんなふうに感じていますか？」

「営業担当者と事務担当者の間の連携やコミュニケーション、関係性についてどのように感じていますか？」

③データ分析

インタビューで語られた内容について、フィードバック・ミーティングで報告するために、Ａさんはデータの整理を行いました。その際、質問項目ごとに似ている回答をまとめていき、その内容を語っていた人数をカウントしました。たとえば、

「この営業所で、問題だなぁと感じているところや改善が必要だなぁと感じているのは？」

・職場がシーンとしていて活気がない（7）
・自分の仕事だけに意識がいき、他の人への関心が低い（5）
・ほめられることや感謝されることがない（4）

という形でデータを整理しました。

④フィードバック

データの分析が行われた後、3時間のフィードバック・ミーティングが設定され、営業所の全従業員とAさんが参加しました。まず、このミーティングの目的について所長から、「今日は、この営業所をよくしていくことに向けて、日頃なかなか話ができない、この営業所の現状について語り合い、現状の問題点に気づいていきましょう」という話がされました。

次にAさんから、データ分析の結果について報告がなされるとともに、「今の報告をきっかけとして、日頃感じていることを自分の言葉で伝えていって、現状を共有していきましょう」という投げかけがありました。そして、それぞれが感じていることについて対話がなされていき、Aさんはファシリテーターとしてミーティングのプロセスに働きかけをしました。

フィードバック・ミーティングではまず、職場の活気がなく、シーンとしていることが話されました。その時、ある営業担当者から「飲み会をやったらいいんじゃないですか?」という提案が出されました。Aさんは「それも行動計画としてよいかもしれませんが、まずは現状で何が起こっているか、それぞれがどんなふうに感じているかを共有して、変えていきたい問題点を明確にしていきましょうか」と働きかけをして、行動計画にシフトせずに現状の共有についてさらに対話がなされました。

その後、話題は営業担当者と事務担当者との関係性に焦点が当たります。事務担当者からは、営業担当者が上から命令するように書類作成を事務的に依頼されること、書類のミスがあると営業担当者から叱責されるので萎縮《いしゅく》していることが語られました。

しかし、営業担当者はそのことにこれまで気づいておらず、初めて事務担当者の気持ちを知ったといいます。また、営業担当者や事務担当者が日頃感じていることを聴いた所長は、日頃から1人ひとりの思いを自分が聞いていなかったこと、営業担当者同士の情報交換がないことに対して自分は何もしてこなかったことに気づいていきました。

フィードバック・ミーティングの終了時には、ちょっとしたことを声に出すのも躊躇《ためら》われる職場の風土があること、営業担当者が事務担当者に上から目線で依頼し、敬意を払っていなかったこと、営業担当者の連携や情報交換がないために若い人たちが伸び悩んでいたこと、が現状の問題点として共有されました。

⑤その後のフェーズ

フィードバック・ミーティングでプロセス上の問題が見定められたら、その問題をどのように解決していくか、今後どのようなアクションを実行していくかが話し合われます。

これが「アクション計画」のフェーズです。そして、合意されたアクションが実行されていきます（「アクション実施」のフェーズ）。この営業所では、見定められた三つの問題点について、どのように対処し、行動していくかの話し合いが行われ、Aさんはその話し合いのファシリテーションをしました。行動計画はクライアントである従業員によって決定されました。

フィードバック・ミーティングで、部署の中で起こっているプロセスに気づき、自分もその当事者だと感じるオーナーシップが高まると、自分たちで計画した行動やアクションに対するモチベーションも高まり、より変化が起きやすくなります。

データ・フィードバックでは、前述の例のように診断モデルを用いない場合と、診断モデルを用いる場合があります。診断モデルとしては、グループのレベルならGRPIモデルが、組織のレベルならワイスボードの6ボックス・モデル、ナドラー&タッシュマンのコングルーエンス・モデルなどが用いられます。各モデルの詳しい説明は紙面の関係で省きますが、関心のある方はインターネットを使って調べてみてください。

気づきのモデル「ジョハリの窓」

データ・フィードバックによって、お互いの間で起こっているプロセスに気づく際に、どのようなことが起こっているのでしょうか。この過程について「ジョハリの窓」というモデルから説明をしていきます。ジョハリの窓は組織開発と関連が深く、組織開発の源流となったTグループ（人間関係のトレーニング方法、第2章「アメリカにおける組織開発の歴史」を参照）で生まれたモデルです。

ジョハリの窓という名前を聞いたことのある方は多いと思います。しかし、ジョハリの窓の本来の考え方を知っているという方は少ないのではないでしょうか。

このモデルは、Tグループでの関わりから学ぶプロセスを図式化するために考えられたものです。ジョセフ・ラフトとハリー・インガムがこの図式を考えたので、2人の名前をつなげて「ジョハリの窓」と呼ばれています。

ジョハリの窓の四つの領域

このモデルでは、お互いの間で起こっているプロセスについて、私が知っていること／私が知らないこと、他者が知っていること／他者が知らないこと、の四領域に分けます（図12）。

四つの領域の中で、私が気づいていて他者も気づいているものを「開放」の領域、私が気づいていないけれど他者は気づいているものを「盲点」の領域、私は気づいているけれど他者は気づいていないものを「隠された」領域、私も他者も気づいていないものを「未知」の領域、と名付けています。

Ｉの開放の領域は、自分のこと、相手のこと、お互いの間で起こっているプロセスが共有

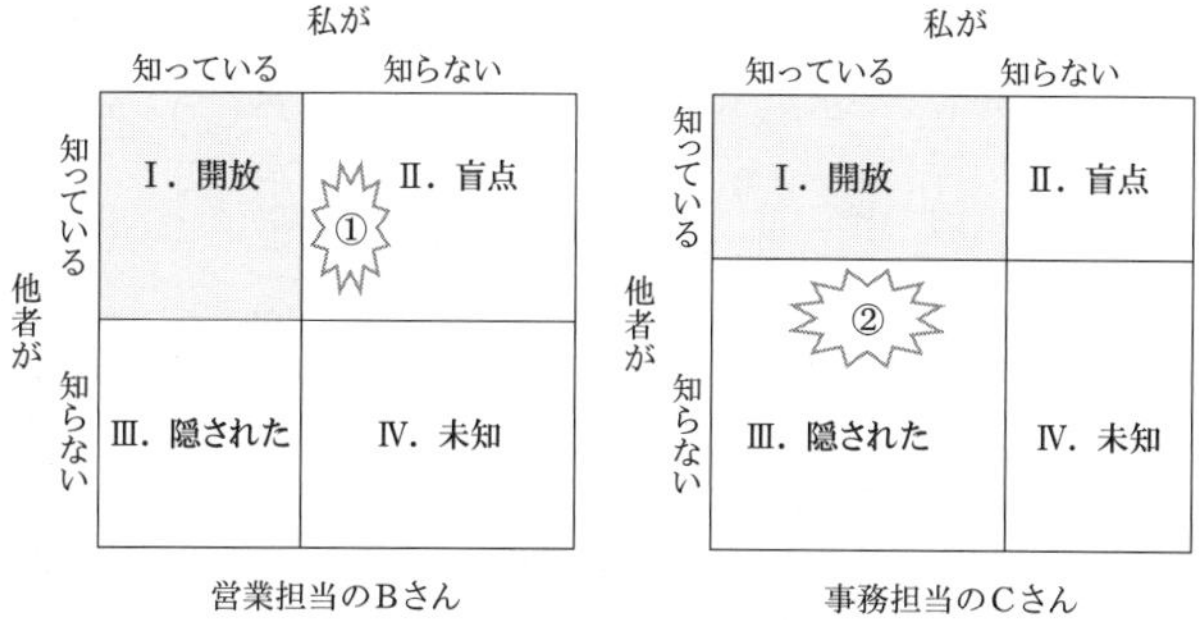

図12　ジョハリの窓（２人の場合で図示）

されているところです。この開放領域が広いほど、お互いのことがわかっていて信頼でき、お互いに防衛することもなく、オープンに話すことができます。「風通しがよい職場」という表現が使われますが、ジョハリの窓でいえば、「風通しがよい職場」は開放領域が広い状態ということになります。

Ⅱの盲点の領域は、自分のこと（特に自分の行動）、相手のこと（特に相手の内面で起こっていること）、お互いの間に起こっているプロセスについて、私はわかっていないことですが、他者はわかっていてよく見ている、というものです。

たとえば、営業担当のＢさんが上から目線で事務担当のＣさんに指示している（図12の①）という行動は、Ｃさんからはよく見えていますが、Ｂさん自身は気づいていません。Ｂさんにとって盲点になっています。

Ⅲの隠された領域は、自分にはわかっているけれど、他者や相手はわかっていないものです。他者やグループのメンバーに伝えずに隠している、自分のこと（特に自分の内面や感情）、相手のこと（特に行動）、お互いの間に起こっているプロセス（特に相手やグループからの影響）などがこの領域に入ります。

たとえば、事務担当のCさんはBさんの上から目線の指示を不快に感じていて、ミスをしないようにと萎縮し、不安を感じていますが、それを言えずに自分の中でしまっている（図12の②）ということが隠された領域の一例です。

Ⅳの未知の領域は、自分も他者もわかっていないこと、誰も気づいていないことです。無意識のこと、誰も気づいていない潜在力、などがこの領域です。

ジョハリの窓では、プロセスから学ぶ際には、隠された領域を開示して共有することにより、プロセスから学ぶとともに、開放の領域が広がって、お互いの関係性がよりよくなるとしています。もちろん、すべてを明け透けに言えばよいというものではなく、職場や組織の場合は、お互いの関係性がより建設的になり、効果的になるために開示していく、ということになります。

フィードバック・ミーティングで、Bさんの伝え方が上から目線で自分が尊重されていな

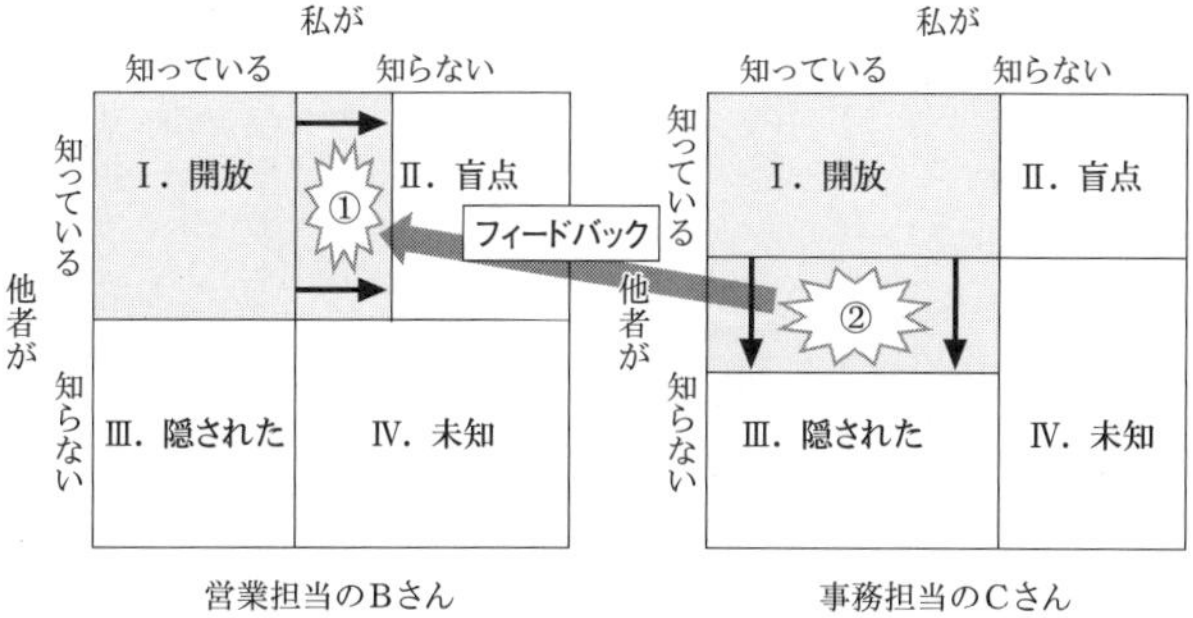

図13　ジョハリの窓（Ｃさんによる開示後）

い感じがする、ということをＣさんが伝えることで（Ｃさんの隠された領域の②が開示されて開放領域となります）、Ｂさんは盲点となっていた自分の行動について気づきます（Ｂさんの盲点の領域だった①に気づいて、開放の領域が広がります）。

Ｃさんの開示はＢさんへのフィードバックとして機能し、結果として２人の開放領域が広がります（図13）。

なお、図12や図13は便宜上、二人だけを取り上げていますが、グループの場合はメンバーの人数分の「窓」が存在しています。

開放領域が広がることの重要性

職場の中で日頃からお互いにプロセスを共有することができれば、開放領域も広い状態が維持できます。しかし、お互いの間に起こっているネガティブな影響関係は、伝えると関係が壊れるのではないかという不安から、自分の中で収めてしまうか、伝えやすい仲間に愚痴をこぼすことで対処することが多くなります。

その結果、当事者に伝わらず、関係が改善されずに、同じ行動パターンが繰り返されることになります。このようなプロセスが改善されるためには、安全な場で、プロセスを共有するための対話が必要になります。

データ・フィードバックは、ＯＤ実践者から現状についてのデータがフィードバックされることで、自分自身が感じているプロセスを開示するきっかけとなります。そして、フィードバック・ミーティングの中で、日頃感じていたプロセスを自分の言葉で開示し、それが共有されることで、職場内や組織内のプロセスに気づいていく（開放の領域が広がっていく）という機能があります。

第1章で述べたように、個業化が進んでいる現代の職場は、開放の領域が以前に比べて狭くなっています。開放の領域が狭いと、お互いがわかっていないことにより、個々人が悪い方に推測して、さらに関係が悪化することも多くなります。チームとして協働していくためには、そして、ストレスが少ない職場にしていくためには、開放の領域が広がることが鍵となります。

②プロセス・コンサルテーションによる取り組み

シャインが提唱した重要なアプローチ

次に、「パートナー型組織開発」の二つ目の取り組み例として、プロセス・コンサルテーションを見ていきましょう。プロセス・コンサルテーションは、エドガー・シャインが提唱した組織開発の重要なアプローチで、二つの側面があります。

一つ目の側面は、組織開発でOD実践者がクライアントとどのような関係性を築き、どのように支援をしていくかを示した考え方であり、哲学です。もう一つの側面は、グループまたは組織のクライアント（当事者）が自分たちのプロセスに気づき、自らプロセスの変革に取り組むことを支援するアプローチです。まずは、前者のOD実践者とクライアントの関係性について、シャインが提唱した考え方について紹介していきます。

シャインは、（組織開発に限らず一般的な）コンサルタントとクライアントの関係性について、三つのモードを提示しました。それが、「専門家モデル（情報―購入型）」「医師―患者モデル」「プロセス・コンサルテーション・モデル」です。ちなみにシャインは、この三つのモードを日常的な支援にも適用できることを『人を助けるとはどういうことか』というタイトルの著書で述べています。

まず、「専門家モデル（情報―購入型）」です。このモデルは、クライアントが必要としている情報や方法で、クライアント自身はそれを知らないし、実行ができないものについて、コンサルタントが情報を提供したり、実施したりしていくという支援の関係性です。たとえば、コンサルタントがソリューションを提供する、戦略を立案する、制度を設計する、などがこれに該当します。

シャインは、クライアントが自らの問題に気づいているが、その解決策を自分たちでは実行できない場合は、この支援のモードが望ましいとしています。しかし彼は、多くの場合はクライアントが自らの問題に気づいていないために、コンサルタントから提供される情報や方法がクライアントの現状に合わないことが問題だと指摘しています。

次の「医師―患者モデル」とは、クライアントの現状を把握するために、コンサルタントがデータを集め、診断して、処方箋を出す（解決策を提案する）という支援の関係性です。

この関係性は、患者の健康状態や病気を医師が診断して、患者に処方箋を出すという関係性と共通しています。クライアントは現状について客観的に情報を得ることができるというメリットがあります。

一方で、医師から処方箋を出されても患者が薬を飲まなかったり、生活改善をしなかったりといったことが起こるように、解決策を提案されてもクライアントがそれらを実行しないということが起こり得ます。

三つ目の「プロセス・コンサルテーション・モデル」について、シャインは「クライアントとの関係を築くことである。それによって、クライアントは自身の内部や外部環境において生じている出来事のプロセスに気づき、理解し、それに従った行動ができるようになる。その結果、クライアントが定義した状況が改善されるのである」と述べています。

つまり、プロセスに気づき、プロセス上で起こっている問題を見定めることが重要であるとシャインは考えています。また、その問題を変革するためには、クライアント自身が自らそれに取り組む必要があることをシャインは強調しました。

そして、コンサルタントであるOD実践者にとって大切なことは、クライアントが自らのプロセスに気づき、変革していくための行動を自ら決めていく過程を支援するという、支援関係を築くことであるとしました。つまり組織開発では、職場や組織の当事者が主体的に変革に取り組むことが重要であると考えています。

なお、シャインはプロセス・コンサルテーション・モデルが常に望ましいとは言っていません。ＯＤ実践者は一連の過程の中で適切なモードで関わることが重要だとしています。たとえば、プロセス上の問題が明確になり、それを改善する手法をクライアントが知らない場合は、専門家モデルのモードで適切な手法をアドバイスし、実施することは大切であるとしています。

また、クライアントが現状を把握していない場合は、「医師―患者モデル」のモードでコンサルタントがデータ収集と分析を行っていくことも必要です。

以下では、データ・フィードバックの例を用いながら、ＯＤ実践者の関わり方のモードについて検討していきましょう。

ＯＤ実践者の関わり方と三つのモード

データ・フィードバックで紹介した例では、ＯＤ実践者は①「エントリーと契約」として所長に会いました。そして、所長のニーズは何か、何に問題を感じていて、どのような営業所にしていきたいかをＯＤ実践者はじっくりと聴きました。

この時、ＯＤ実践者はプロセス・コンサルテーション・モデルのモードで関わっています。

また、現状を把握したうえで、それを改善するための方法を営業所の所員で話し合い、計画して実施していくという手順で進めることが所長との間で合意されました。

ここでは、組織開発のプロセスを進める心理的契約として、あくまでも当事者であるクライアントがプロセスに自ら気づき、自ら改善することに取り組むことが合意されています。OD実践者の役割は、解決策を提供するのではなく、当事者が変革に取り組む過程を支援するもの、ということが合意され、プロセス・コンサルテーション・モデルの関係性がスタートしていきました。

その後のフェーズである、②データ収集と③データ分析、そして、④フィードバックの最初は、OD実践者は「医師―患者モデル」のモードで関わっていくことになります。

しかし、フィードバック・ミーティングの最初に、データを整理した結果をクライアントに提示した後は、OD実践者はフィードバック・ミーティングのファシリテーターとなり、プロセス・コンサルテーション・モデルのモードに入っていきます。当事者であるメンバーが日頃から感じていたプロセスについて話し合い、プロセス上の問題に気づき、理解することを促進し、支援します。プロセス・コンサルテーション・モデルでは、特にプロセスの諸問題は、当事者が主体的に問題に気づき、自ら解決策を考えないと、その解決策が実際には実行されない、と想定しています。受け身で与えられた解決策は実行が伴わない、というわけです。

ちなみに、私はメタボ体質で、医者から「もっと痩せなさい。食べる量を減らしなさい」とよく言われます。その場では「わかりました」と答えますが、「このままの状態でもそんなに問題ではないのではないか、困ることはそんなにないし……」などと考えて、日頃からの体質改善の取り組みを実行していません。他者から言われただけでは人はなかなか動かない、自分で問題に気づき、自分で解決策を決めることがいかに大切か、ということ、読者の皆さんも身に覚えがあるのではないでしょうか。

なお、コンサルタントが「医師―患者モデル」のモードでフィードバックを行う場合は、メンバーが日頃感じているプロセスについて話し合う場をファシリテートすることはありません。データ分析の結果と処方箋（アクション案や解決策）を報告書としてまとめ、クライアントにそれを渡します。組織アセスメントの会社に組織診断を依頼する場合に実施されるフィードバックはこのタイプです。

報告書で解決策が提示されていても、それが実行されないケースは多々あると思われます。実行されない原因は、メタボ体質の改善が実行されない理由と同じです。フィードバックの結果が与えられるだけでは問題意識が高まらないこと、そのために変革へのモチベーションが高まりにくいこと、さらに、自分たちで解決策を決めていないので実行される可能性が低いこと、が原因として考えられます。

アクション計画と実行の支援

プロセス・コンサルテーションの進め方に話を戻しましょう。④フィードバックのフェーズで、ミーティングの中で、営業担当者と事務担当者の間のコミュニケーションの問題、営業担当者の連携や情報交換の問題についての理解がなされました。

次に、⑤アクション計画では、どのような関係性になることを目指し、それに向けて、これらの問題を解決していくためにどのような取り組みや行動を行っていくかについて話し合われます。この際、ＯＤ実践者はファシリテーターとして話し合いのプロセスに働きかけていきます。話し合いの中で、問題は明確になったが、クライアントはその解決策がわからない場合は、ＯＤ実践者は「専門家モデル」のモードで解決策のアイデアを提案していきます。

この場合も、その実施を決定するのはクライアントであるというスタンスが重要です。たとえば、営業担当者と事務担当者の間に葛藤があることは共有されましたが、その葛藤をどのように解消していけばいいのか、クライアントは思いつかない、という状況であったとします。ＯＤ実践者は、次に紹介する「対立解決セッション」という方法があることを伝え、その実施にクライアントが合意すれば、そのセッションをＯＤ実践者が実施していきます。

この提案と対立解決セッションの設計で、ＯＤ実践者は「専門家モデル」のモードに入ります。そして、⑥アクション実施の段階で、対立解決セッションをＯＤ実践者がファシリテートし、そのセッションの中でクライアントがさらに自らのプロセスに気づき、行動計画について話し合う場で、ＯＤ実践者はプロセス・コンサルテーションのモードで支援します。

対立解決セッションの実施はクライアントが決定したことなので、クライアントはこのセッションに対して受け身の参加ではなくなり、クライアントのモチベーションやコミットメントは高まります。そして、そのセッションで合意された行動計画をクライアントが業務の中で実行していきます。

以上のように、組織開発の取り組みにおいて、刻々と変化するプロセスをＯＤ実践者が感知しながら、適切な支援のモードを選択していく必要があることをシャインは強調しています。

ちなみに、この三つのモードは、コンサルタントに限らず、人を支援すること全般に当てはめることができるとシャインは考えています。たとえば、自分の部署でうまくいっていないプロセスが起こっている時に、マネージャーがプロセス・コンサルテーションのモードになって、部下に何が起こっているのか、どのように感じているのかを尋ねていくことが大切であるとしています。

ここまで、ＯＤ実践者が外部者（コンサルタント）で、プロセス・コンサルテーションによってクライアントを支援する場合の例を考えてきました。

プロセス・コンサルテーションの応用

ところで、プロセスに自ら気づき、理解し、その改善のための計画をする取り組みは、外部コンサルタントがいなくても、自分たちで職場において実施することも可能です。その一例が１９７０年代の日本で行われていた、「職場ぐるみ訓練」と呼ばれた取り組みです。

１９７０年代の日本では、シャインのプロセス・コンサルテーションの考え方である、当事者自らが自分たちのプロセスに気づき、その変革に向けて行動を計画していく取り組みは「職場ぐるみ訓練」と翻訳され、職場に起こっているプロセスを自ら分析して改善していく活動が行われました。

自分たちの職場や部門の問題点を洗い出し、ＫＪ法（川喜田二郎氏が考案した、データをまとめるための手法）などを用いて整理することでプロセス上の問題に気づくとともに改善が必要な問題点を絞ります。そして、改善のための目標を設定し、行動計画について話し合っていきます。必要に応じて、コミュニケーションやチームワークを改善するために、実習を用いた体験学習が行われます。

現在では「職場ぐるみ訓練」という言葉は用いられておらず、また、言葉と内容に齟齬があるためにこの用語を用いることはおすすめできません。

名称はさておき、こうした、職場で起こっているプロセスについて対話をする場を設け、プロセスに自分たちで気づき、目標や望ましい状態を設定し、ともに行動計画を立てていくミーティングを行うことは、現代でもその効果が見込まれます。そして、職場での組織開発の取り組みとして重要な活動になるでしょう。

たとえば、期の初めに、半日から1日を確保して、「プロセス共有ミーティング」とか、「プロセス・ダイアローグ」などと名付け、職場ぐるみでこのようなミーティングを実施していくことが可能です。

③部門間の対立を解決するセッション（対立解決セッション）

グループ間のレベルに対する働きかけ

営業と開発など、ある部門とある部門の関係がうまくいっていない、たとえば、部門間で葛藤がある、他部門に不信感をもつなどの関係が起こることがあります。営業は「もっと売れるものを作ってほしい」、開発は「開発期間を短くし、コストを下げるのが至上命題で、営業からの要請には応えられない」「もっと売って業績を伸ばして、開発費を確保できるようにしてほしい」と思うことなどが一例です。

このような、部署と部署、部門と部門などのグループ間のレベルで起こっているプロセスに対して働きかけを行う手法がこの対立解決セッションです。

対立解決セッションは組織開発の伝統的な手法で、バーク著『組織開発教科書』に紹介されています。バークは七つのステップを提唱していますが、以下ではいくつかのステップをまとめて、五つのステップとして紹介します。なお、この対立解決セッションを実施するためには3時間から半日ほどを必要とします。

仮想事例として、多くのアルバイトが働いている居酒屋のホール（接客）とキッチン（厨房）を取り上げていきます。この居酒屋ではホールとキッチンの連携がうまくいっておらず、お互いに対する不満が高まっていたとします。

対立解決セッションには、この居酒屋のホールで働く従業員8名（社員1名〈店長〉、アルバイト7名）、キッチンで働く従業員7名（社員1名、アルバイト6名）が参加したと想定しています。

ステップ1

ホールとキッチンのメンバーが、それぞれにグループとして座ります。各グループで、①自分たちは自分たちをどう見ているか、②自分たちは相手をどう見ているか、③相手は自分たちをどう見ていると思うか、というリストを模造紙に書きます。たとえば、表2に示すようなリストができたとします。

ステップ2

ステップ1で作成したリストを項目ごとに他のグループに対して発表し、質問を受けます。

ホール（接客）	キッチン（厨房）
①自分たちは自分たちをどう見ているか？ ・お客さんに笑顔で接している ・キッチンにオーダーをしっかり伝えている ・お客さんからの料理のクレームに謝っている	①自分たちは自分たちをどう見ているか？ ・忙しく、余裕がない中で料理を作っている ・厨房の人数が足りないし、材料にコストをかけられない。料理を出すので精一杯
②自分たちは相手をどう見ているか？ ・料理ができてもキッチンが何も言わない ・料理を作るのが遅い ・味付けや盛り付けがていねいじゃない	②自分たちは相手をどう見ているか？ ・ホールからのオーダーが聞き取りにくい ・料理ができても、すぐに持って行かない ・文句が多い
③相手は自分たちをどう見ていると思うか？ ・一生懸命働いていないと思っている ・お客さんと楽しそうに話して楽をしている ・接客は楽だと思っている	③相手は自分たちをどう見ていると思うか？ ・調理がやっつけ仕事だと思っている ・オーダーが通っていないのは自分たちキッチンのせいだと思っている

表２　ステップ１で作成されたリスト（ホールとキッチンがそれぞれで作成）

まず、ホールが自分たちの①のリストをキッチンに伝え、キッチンから質問を受けます。次に、キッチンが自分たちの①のリストをホールに伝え、ホールから質問を受けます。

それと同様に、②と③を行っていきます。この時、どちらの見方が正しいかを議論する必要はなく、また、誤解を解消しようとする必要もなく、現状でのお互いの見方を共有し、その見方を受け入れることが大切です。

ステップ3

各グループで、お互いの間にある問題点についてリストを作成します。たとえば、「ホールからキッチンにオーダーを伝える時に伝わっていないことがある」「料理が完成しても、ホールがすぐに運ばないことがある」「キッチンに余裕がなく、料理がていねいに作られていないことで、お客さんからホールがクレームを受けている」などという問題点がリスト化されました。

ステップ4

ステップ3で作成したリストを相手グループに見せます。各グループの代表者が作業を行って、二つのリストを一つにまとめます。その後、全員で話し合い、一つにまとめたリストについて、解決したい順、または、重要度の順に優先順位を付けます。

たとえば、①「お客さんからの料理のクレームが多い」、②「ホールからキッチンにオーダーが伝わらないことがある」、③「料理をホールがすぐに運ばないことがある」と順位付けされたとします。

なお、このステップでは、優先順位が付かなくても、ステップ５を行うために、リストの中の問題点をいくつかに絞ることだけでもＯＫです。

ステップ５

ステップ４で絞られた①～③の問題に対して解決案を考えるために、混合グループをつくります。今回は計15人が参加しているので、５名ずつの３グループに分かれます。混合グループのそれぞれが一つの問題を担当し、解決案を考え、模造紙に記入します。その後、他のグループに対して解決案を発表し、質問や意見を求めます。そして、今後何に取り組んでいくかを確認し、フォローアップのための活動を計画して、セッションを終了します。

グループ間の対立や葛藤は、相手に対する不信感や不満から生まれます。また、社会心理学で「内集団びいき」と呼ばれる、自分が所属している集団に対してはひいきをして高めに評価し、他の集団に対しては厳しめに見て低く評価するという現象があります。

不信感や不満がある他のグループに対しては、さまざまな推測や否定的な解釈をしてしまいがちで、それによって相手のグループに対する誤解や曲解が増えて、心理的な対立や葛藤がさらに大きくなっていくことがあります。つまり、心理的な過程によってグループ間の対立や葛藤が形成されるといえます。

そのような関係を改善するには、お互いの見方を共有して誤解に気づくこと、共通の目標を見出して（合意して）部分最適から全体最適を目指すことが鍵となります。

④ＡＩ（アプリシエイティブ・インクワイアリー）の考え方

強みや潜在力を引き出すアプローチ

組織開発の手法について、最後に、対話型組織開発の一つのアプローチとして位置付けられている、ＡＩ（アプリシエイティブ・インクワイアリー）について紹介していきます。前述したデータ・フィードバックを代表とする診断型組織開発は、部署や組織の中の問題に焦点づけ、その改善を目指す、問題解決のアプローチでした。

一方のＡＩは、部署や職場の強みに光を当て、その強みや潜在力を引き出すことを目指すアプローチです。また、対話型組織開発ですので、診断のフェーズがありません。

ＡＩは、アメリカのクリーブランドにあるケース・ウェスタン・リザーブ大学のクーパーライダー氏によって１９８０年代の後半に提唱されました。ＡＩには社会構成主義というパラダイムが根底に流れています。社会構成主義を短く表すと、「私たちのリアリティは社会的に構成される」、つまり、私たちが現実をどのように捉えているかは、私たちの関わり方やものの見方、語られ方によって形づくられ、構成される、という考え方です。

私がＡＩについて学ぶためにケース・ウェスタン・リザーブ大学の講座に参加した際に、講師のロン・フライ氏（クーパーライダー氏の博士論文の審査委員だった方）は、社会構成主義をわかりやすく表す表現として「言葉が世界を創る（Words create world.）」という言葉を何度も使っていました。

すなわち、人々によって語られる言葉がグループや組織の風土や文化を形づくっていく、というわけです。たとえば、「仕事がきつくてストレスが溜まる」と多くの構成員が語っている組織はそのようになっていき、「みんなで協力して元気よくやろう！」と語られている職場はそのようになっていく、というものです。社会構成主義は研究パラダイムであり、詳しい理論的な背景や前提があるので、さらに知りたい方はガーゲン著『あなたへの社会構成主義』などをご参照ください。

ＡＩでは人や組織の強みに光を当て、強みや潜在力が活き活きと発揮されるような状態や源を探求していきます。

ＡＩのＡ、つまりappreciative（アプリシエイティブ）は、appreciate（感謝する、鑑賞する、正しく理解する、価値を認める）という動詞が形容詞になったものです。

一方、Ｉはinquiry（質問する、探求する）の頭文字で、問いかけを通して人や組織の真に価値があるものを認識し、探求する、という意味です。したがって、ＡＩを短く表現すると、「真価の探求」、つまり、組織や人がもつ真の価値を探求し、それが活き活きと発揮される状態や関わり方を探求するアプローチだと私は捉えています。

ＡＩでは、問題に焦点づけてその解決に取り組む、従来の組織開発のアプローチを問題解決のパラダイムと位置付けています。そして、問題解決によるアプローチとＡＩによるアプローチを図14のように比較しました。

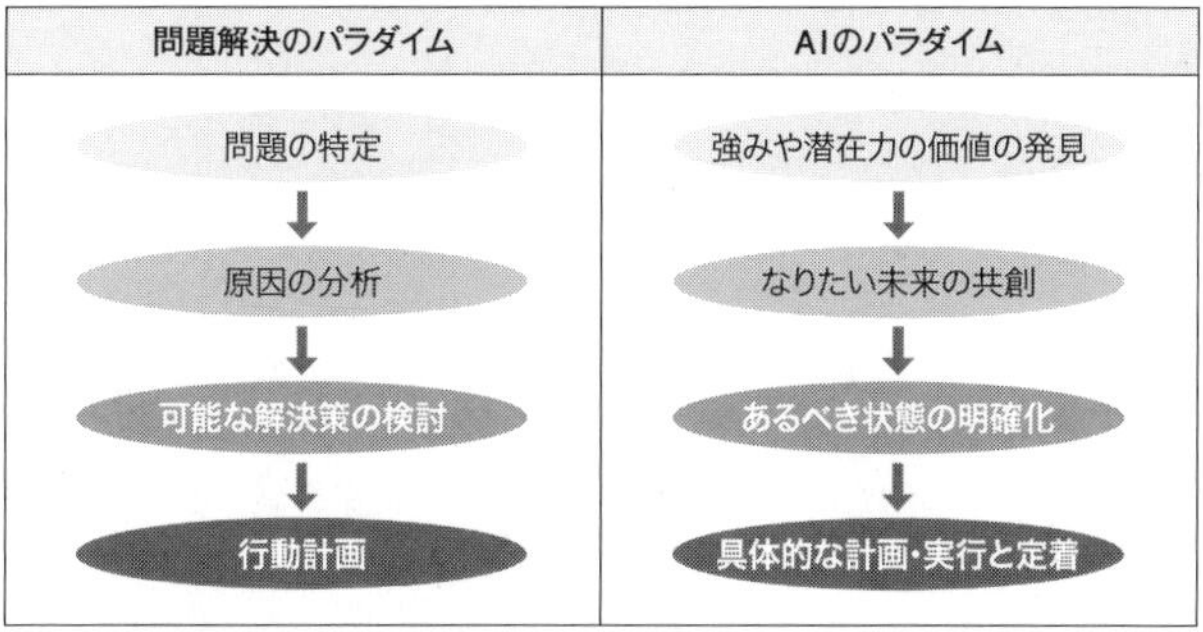

図14　問題解決とAIのパラダイム

ＡＩ推進者は、従来の組織開発のパラダイムは問題解決型であり、組織や個人の問題点に着目して、その問題を解決しようとする、いわばマイナスを０（ゼロ）にするアプローチだと主張します。

それに対してＡＩは、組織や個人の強みや潜在力に着目して、それらがさらに発揮される未来を探求する、いわば０（ゼロ）をプラスに伸ばしていくアプローチとしています。

ＡＩのセッションでは、組織や個人の強みや潜在力を発見し（ディスカバリー）、それらが発揮された未来を創造し（ドリーム）、ともに目指す状態やあり方を明確にし（デザイン）、行動と変化の定着のための取り組みを計画していきます（デスティニー）。このステップはそれぞれの頭文字を取って「４Ｄサイクル」と呼ばれています。

AIの五つの原理

ＡＩには、ハイポイント・インタビューと呼ばれる、最高の体験をペアでインタビューし合う方法や、他のいくつかのアクティビティがあります。しかし、他の組織開発の手法もそうですが、ＡＩの手法を行えば組織がよくなる、というものではありません。ＡＩはグループや組織に活力を与えるものを探り、強みや潜在力が発揮されるあり方を探求する協働のプロセスです。

「言葉が世界を創る」という考え方に基づくと、ＡＩで重要なのは、ＡＩの実施後に組織のメンバーが何を語り合うようになったか、強みや潜在力をどのように認めてそれらを発揮させようとしているか、という関わり方が変化することです。

クーパーライダーはＡＩの原理として五つを挙げています。この五つの原理を表３に示しました。ＡＩの実施後、これらの原理が人々に浸透し、関係性が変化することが大切になります。

ＡＩの４Ｄサイクルの具体的な進め方は、他にも参考になる書籍があり、また、インターネットから情報を入手することができます。

そこで本書では、ＡＩの具体的な手法を紹介するのではなく、表３にある原理が組織や関

①構成主義の原理	社会構成主義の考え方に基づき、何が語られ、どのような関係性にあるかによってリアリティが構成される（“Words create world”＝言葉が世界を創る）。
②同時性の原理	探求すること（問いかけること）と変革の実現が同時に起こる。何を問いかけるかによって結果も異なっており、問いかけが語られることや変革を生み出す。
③詩的（開かれた本）の原理	組織の過去、現在、未来は解釈が開かれている詩のようなものであり、どのように解釈し学ぶかを選択できる。
④予期成就の原理	未来へのイメージが現在の行動を導く。未来への期待が現在の前向きな行動を生み出し、その実現が可能となる。
⑤ポジティブの原理	ポジティブな感情や関係性が変革と潜在力の発揮を可能とする。ポジティブな問いかけ（潜在力を引き出す質問）が変革を持続させる。

表３　AIの五つの原理

係性をどのように変化させていく可能性があるかを考えていきます。

まず、構成主義の原理は、職場や組織で何がどのように語られているかによって、現実を構成していくと捉えています。「仕事は辛《つら》い」「毎日がストレスフル」と人々が語っていたら、まさにそのような職場や組織になっていくわけです。

そして、同時性の原理は、問いかけと変革が同時に起こると捉えています。これは少しイメージしにくいですが、たとえば上司が会議で「今期も目標に届かなかった。何がいけなかったのか？」と問えば、自分たちのできていない問題点に目が向き、エネルギーが低くなります。しかし逆に、「目標に届かなかったけれど、自分たちの強みは何で、どうやったら発揮できるか？」と問えば、強みや潜在力に目が向き、それらを活かしていくことが語られ、活力が高まっていきます。何を問いかけていくか、という質問の仕方が鍵になるということです。

詩的（開かれた本）の原理は、組織の中でこれまで起こったこと、現在起こっていること、未来にどうなっていきたいかは、いろいろな解釈が可能な詩のようなものであり、私たちはその解釈を選択できるというものです。

そして、未来をどのように解釈し、どのような未来を創造するかが、予期成就の原理であり、未来への期待がその実現の可能性を高めるというものです。

たとえば、スポーツの個人競技で、失敗すると思いながら競技を始めると失敗しやすく、成功するというポジティブなイメージをもちながらスタートすると成功する可能性が高まる、といわれていますが、それと同じです。職場や組織で実現したい未来を共有し、その実現を信じて目指すことで、実現されていきます。

最後のポジティブの原理は、強みや潜在性が発揮されるためには、ポジティブな感情や関係性がベースとなり、そのためには強みや潜在性が発揮されるような問いかけをすることが重要である、というものです。

ポジティブな側面に光を当てることの意味

これらのＡＩの原理は、職場や組織の中での問いかけ方、語られ方、期待の仕方などの、私たちの認識や関わり方が重要であることを示しています。

これは私個人の体験ですが、アメリカに留学している時に、私は組織開発の研修に参加して、英語で組織開発について学びました。組織開発は体験学習を通して学ぶことが多いので、参加者同士の英語での関わりが非常に多く、しかも、講義ではないのでわかったふりをしているだけでは済まされません。私は長期の留学経験や海外の経験がそれまでなかったので、英語を流暢《りゅうちょう》に話せるわけではなく、研修では毎回苦労しました。

５～６日間の研修では、初日と２日目はエネルギーがあってがんばれるのですが、３日目ぐらいから、伝わらないことや聞き取れないことが増えて、「やはり自分は英語力がない」などと感じてしまい、英語でコミュニケーションをするのがしんどくなりました。

ところが、ＡＩの研修に参加した時は、それまでとは違う体験をしました。自分自身ができていること、たとえば、留学経験がほとんどないのに、目の前の人と英語でやりとりができている、などの強みに光が当たり、日に日に積極的に他の参加者に関わっていく自分がいました。3日目ぐらいから英語で関わることに消極的になるということは起きませんでした。自分自身の強みや潜在力が発揮されるために、ポジティブな感情やできていることに目を向けることの大事さを実感した体験でした。

日本人は反省が得意な国民なので、できていない問題点に目を向け、それを改善しようとする傾向があると思います。もちろん、問題点に目を向け、改善することは重要であり、問題発見と改善の精神が日本製品の品質を高めて、日本の経済発展に寄与してきたと考えています。しかし、その一方でデメリットもあり、できていないことや問題点ばかりに目が向き過ぎて、仕事や職場環境がストレスフルになったり、職場がギスギスしたりすることにつながっているのではないでしょうか。

究極的にいえば、人は幸せになるために生きているのであり、そして、そのために仕事をしているわけで、不幸になるために仕事をしているわけではありません。組織の健全性が高まるには、できていないこと（問題やネガティブな側面）に目を向けるだけではなく、できていること（ポジティブな側面）にも目を向けることの重要性をＡＩは教えてくれます。

[第4章]

日本の組織が活性化する鍵

誰が実践者になるのか

組織開発の実践をしていくためには、チェンジ・エージェントとなるＯＤ実践者の存在が欠かせません。ＯＤ実践者は、外部者（外部ＯＤコンサルタント）か、組織の内部者になります。組織開発を初めて導入していく際は、専門家である外部ＯＤコンサルタントを雇って取り組みを進めていく方が安心であり、確実です。しかし、コストの面から外部ＯＤコンサルタントを雇い続けることは難しく、たとえ最初は外部者に頼っても、いずれは組織の内部者による組織開発の実践にシフトしていく必要があります。

アメリカでは、組織の中に組織開発の部署をもち、そこに内部ＯＤコンサルタントがいるという企業や組織があります。内部ＯＤコンサルタントがいる場合は、支援が必要な場合に無料で内部ＯＤコンサルタントに依頼することが可能です。

一方、日本の場合、組織開発の機能を担う部署をもつ組織が少ないという現状があります。ここでは、組織開発、特に、ヒューマンプロセスへの働きかけに携わる機能が日本では弱く、その機能を専ら担う部署がないことを示していきます。

日本の組織がもつ、機能の「隙間」

第２章の図９（１１９ページ）では、カミングス&ウォーリーによる組織開発の手法のタイプ分けを示しました。彼らのタイプ分けに基づきながら、私なりに2次元上に位置付け、システムのレベル（「個人」「グループ（部署内）」「組織全体」）を横軸、時間と変革の対象（「現在の問題解決や業務遂行」「基盤づくり」「将来」）を縦軸として、さまざまな手法を布置させると、図15（１８０ページ）のようになります。

図15について、日本企業の中で、どの部門が専ら担当しているかを示したのが図16（１８１ページ）です。図16からは、グループ（部署内）や組織全体のレベルの基盤づくり（ヒューマンプロセス）と、グループ（部署内）の将来（戦略）に携わっている部門が少ないことが見えてきます。

組織全体のヒューマンプロセスに働きかける部門は、たとえば、風土改革推進室などが時限的に設置される場合があります。また、グループ（部署内）の戦略に働きかける機能として、ビジョン浸透プロジェクトなどが時限的に実行される場合があります。しかし、日本企業では、恒常的にこれらに対して働きかける機能をもつ部門がなく、図16のL字形の領域は、日本の組織がもつ、機能の「隙間」になっています。

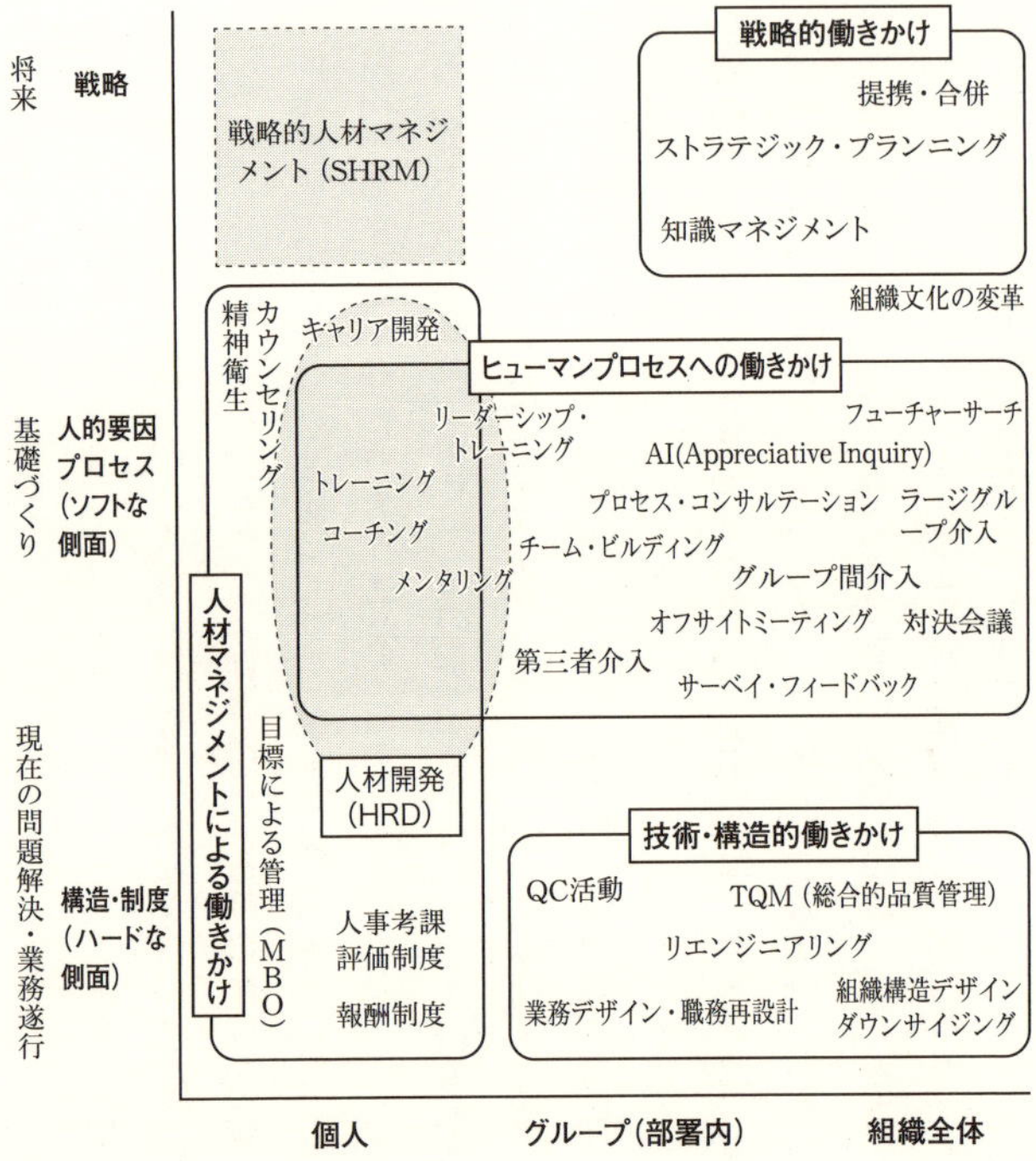

図15　組織開発の手法の布置(カミングスとウォーリー〈2015〉のタイプ分けに基づき、筆者が独自に作図)

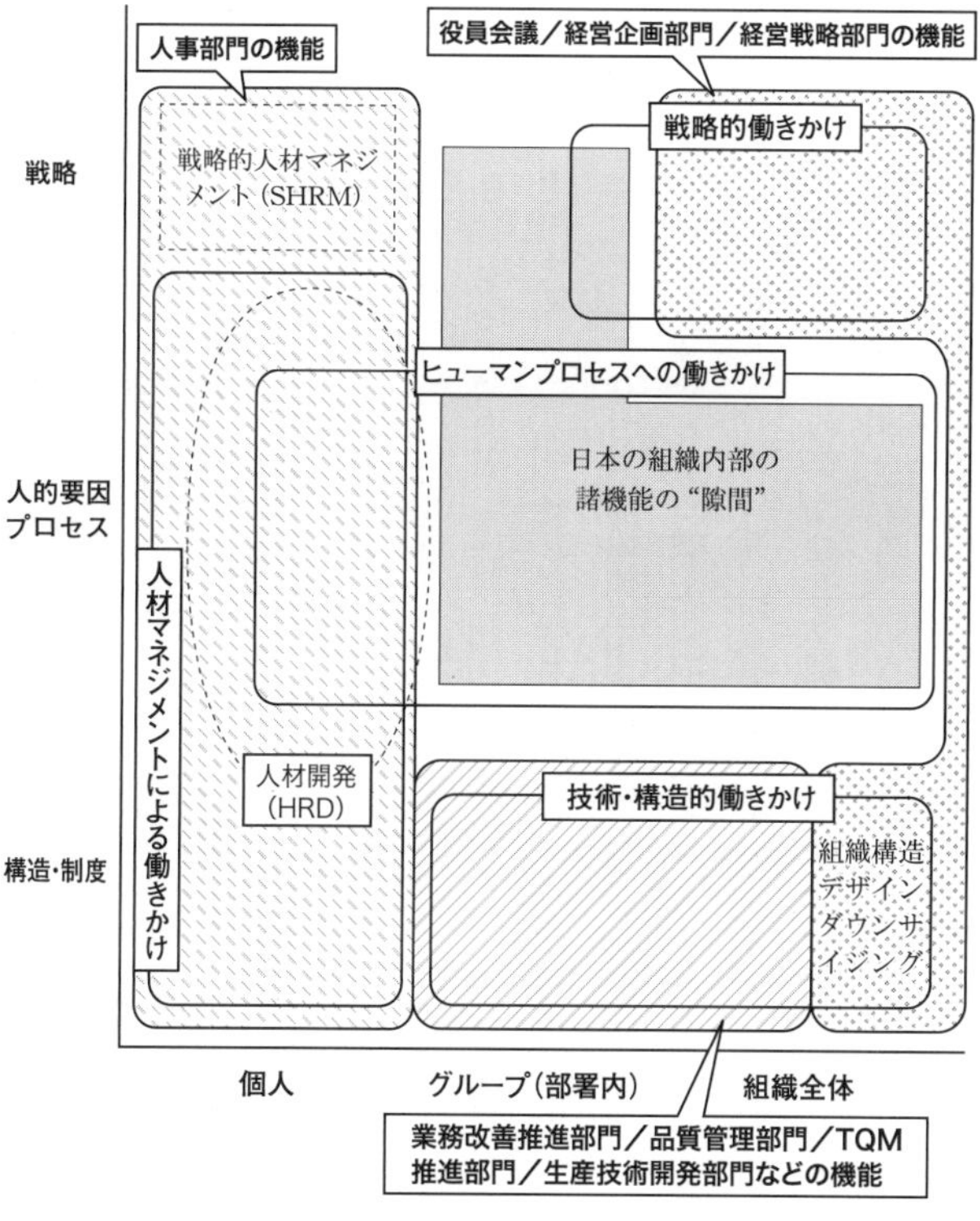

図16　日本の組織内部の諸機能とその隙間

ヒューマンプロセスの諸問題、たとえば、従業員の意識やモチベーション、職場のコミュニケーションやさまざまなプロセスに対して、日本企業は研修（トレーニング）という、個人レベルへの働きかけによって対処しています。

しかし、個人レベルに対する働きかけでは効果に限界があり、グループや組織全体のシステムのレベルで起こっているプロセスには、それらのレベルに直接働きかけることができるアプローチがさらに必要です。

たとえば、部署のヒューマンプロセス（コミュニケーションや協働性、お互いの関わり方やグループ・ダイナミックスの諸問題）に対しては、プロセス・コンサルテーションやチーム・ビルディング、オフサイトミーティングなどのアプローチが可能です。

組織全体のヒューマンプロセス（組織風土や部署間の協働性）に対しては、フューチャーサーチなどのラージグループ介入や組織文化の変革のアプローチが適用できます。

さらに、グループ（部署）の戦略は、組織全体の戦略が部署や個人に伝達されることが現状として行われています。そのような取り組みに加えて、組織全体の戦略に基づいて、部署の戦略を当事者自らが考えて決定するというアプローチ（フューチャーサーチやＡＩを応用して部門ごとに実施すること）や、ＧＥ（ゼネラル・エレクトリック社）が行っているＣＡＰ（チエンジ・アクセラレーション・プロセス）のような方法が考えられます。

どこが組織開発の機能を果たすのか

図16に示した隙間は、組織開発の機能を発揮できる部門を設置し、組織開発のアプローチを実践できる人材を育てていくことによって、埋めていくことが可能になります。実際に最近では、組織開発の名前を掲げる部署が日本企業の中に設けられつつあります。

たとえば、これまで「人材開発室」という名称だった部署を、「人材・組織開発室」または「組織・人材開発室」という名称に変更して、ＨＲＤからＯＤにその機能を広げようとしている企業がいくつかあります。

組織開発の機能を組織内部で担っていくには、どのような部署がベストでしょうか。この問いは、日本企業に組織開発が定着していくためにとても大切なものです。独立した組織開発の部署か、人事が担うか（もしくは人事の中に組織開発の部署を設けるか）、または、経営企画が担うか、という可能性が考えられます。ここで、組織開発の導入に先進的な企業の例からこの問いについて考えていきましょう。

第3章の冒頭で、組織内での組織開発の推進はリーダー養成型とパートナー型に大別できると述べました。まず、リーダー養成型であるGEについて検討していきましょう。

強いリーダーの養成によって全社的な組織開発を目指すGEは、2013年現在、組織開発の部署や担当者の名称がOTD（organization and talent development）となっていて、本社と各事業部にOTDの担当者がいるそうです。

OTDとはODとTDをかけ合わせたものですが、TD（タレント・ディベロップメント）という言葉は聞き慣れない方が多いのではないでしょうか（タレント・マネジメントなら知っているけど、と思われるのでは）。

このTDという言葉は日本でも今後浸透していくと思われます。なにせ、70年以上の歴史が続く、アメリカの学会ASTD（American Society for Training and Development）が2014年に大胆にも名称変更をしたのですが、新しい名前にTDが用いられ、ATD（Association for Talent Development）となりました。

TDは今後、日本語で「タレント開発」とでも訳されていくのでしょうか。タレント＝才能や力量、能力です。強いリーダーとしての力量を養っていくことと、組織開発を進めていくことを、OTDとして同じ担当者によって進めていくというのが、リーダー養成型組織開発を推進するGEらしい編成です。ちなみに、OTD担当者はリーダー候補者の人材情報をもち、人事異動に関与する権限が与えられているそうです。

組織開発の機能を人事のもとに置くこと

次に、パートナー型の場合を検討していきましょう。日本の企業で組織開発の先進的な取り組みをしているヤフーでは、人事にあたるピープル・ディベロップメント本部に組織開発室が置かれています。つまり、人事部門のもととなりますが、一つの部署として設置されていることになります。

ちなみに、アメリカにおける調査でも、組織開発の担当者はＨＲの配下にある場合が最も多いという結果でした。組織開発も人に関することに携わるので、人事のもとに置かれることは合理的です。

また、採用や人材育成、人事異動は人事の重要な機能であり、リーダー養成型のＧＥの発想と近いですが、人事部門がもつ豊かな人事情報に基づきながらタレント・マネジメント（才能のある人材の採用と選抜、適材適所の配置やリーダー育成などを戦略的に進める取り組みやシステムの導入）と並行して、組織開発の取り組みを進めることが可能となります。

しかし、組織開発の部署を人事のもとに置く場合、いくつかの問題が生じる可能性があるようです。

まず、これはアメリカでも起こることですが、ＨＲ（人事）のボス（部長クラス）が組織開発について理解していない場合、組織開発の実践をしていく際にさまざまな問題を抱えることになります。この問題は人事のもとに置かれた場合に起こるだけでなく、トップのもとに置いても、経営企画のもとに置いても、同じ問題が生じる可能性はあります……。

次に、人事が既にもつ「管理」の機能と、組織開発の「開発」や「支援」の機能が相容《あいい》れないという問題が生じることがあります。

たとえば、人事は評価（異動や降格、人員整理も含む）をする部署だというイメージがある場合、人事の配下にある組織開発の担当者が現場に行っても、評価監督のために現場に来たのではないかと懸念をもたれる可能性があります。しかし、この問題も結局は、組織開発という部署が果たす機能を理解してもらい、信頼してもらうことが必要であることを示していて、人事のもとに置かれようが、トップのもとに置かれようが、同じようなことは起こります。

実際にアメリカでも、新たに組織開発の部署が設置された場合、成功例を積み重ねることで支援の要請が増えていくとのことでした。組織開発の部署として成功例を積み重ね、組織開発の機能について社内に広報をしていくという、地道な活動がパートナー型組織開発の導入と社内への普及に向けて必要です。

経営企画が組織開発の機能をもつこと

経営企画が組織開発の機能をもつことについてはどうでしょうか。経営企画は通常、どのような市場にどのような製品やサービスを提供していき、どれくらいの業績を目指すかという、コンテント（内容）レベルの戦略を立案します。実は、戦略内容を達成するためには、その達成が可能となるような組織づくり（ヒューマンプロセスのレベルの基盤づくり）が必要なわけで、経営企画が組織開発の機能を発揮すれば、コンテントとプロセスの両方に関与していくことが可能となります。

これにも乗り越える必要がある課題がいくつかあります。まず、経営企画の担当者はヒューマンプロセスに関心がない方が多く、経営企画の人たちが組織開発を学び、ヒューマンプロセスに対するセンスを磨く必要があります（ある意味、人事担当者の方がいいセンスをおもちの方が多いかもしれません）。

次に、経営企画は、全社の戦略を各部門に浸透させていく際に、各部門でビジョンづくりや戦略実行計画を行うことを支援する形で入っていきやすいのですが、他の問題に対してパートナー型で部門や部署を支援していくのは難しいという課題があります（これは人事機能の方がフィットします）。

さらに、人への施策をしている人事との連携が必要となります。組織の中の人間的側面に対する働きかけを複数の部署が個別に行うのは、現場を混乱させる可能性があり、相互の連携が大切です。

それぞれの組織に合わせた最適解を探る

組織開発の機能をもつ部署の設立は、独立した組織開発の部署（トップのもとに）、人事のもとに、経営企画に、という選択肢だけではありません。それぞれの組織がそれぞれの状況に合わせた形で最適解を探っていくことが大切でしょう。

いくつかの実例を挙げると、理念やビジョンの浸透を担う部署が行う（キリンビールのＣＳＶ推進部、インナーブランディング推進）、組織の風土を改革することに取り組む（いくつかの企業での風土改革推進室、ＪＲ西日本のＣＳＲ考動推進室）、組織開発的な機能を果たす社内コンサルタントが所属する部署を強化する（キヤノンのＣＫＩ推進センター）などがあります。

組織開発の機能をもつ部署がどのような形で設置されようとも、そこに配置されたＯＤ実践者は、チェンジ・エージェントになるべく、組織開発について学ぶことが必要になります。ＯＤ実践者は、変革を支援する過程でクライアント（対象となる部門や部署の構成員）に信頼され、組織開発を実践した効果をクライアントに実感してもらい、スポンサー（部門の長や経営層）に取り組みの意味を理解してもらう必要があります。そのために、組織開発の理論と手法の理解や、チェンジ・エージェントとしての自己成長が必要となります。

本から学ぶ、研修に参加して学ぶ、学習コミュニティに参加して学ぶ、自らの実践を通して学ぶ、外部コンサルと協働する経験から学ぶなど、さまざまな機会での学びを通してチェンジ・エージェントとして成長していくことが可能となります。

まずは経営層が変わること

本書の冒頭でも述べましたが、組織開発は、今、再びブームになりつつあります。企業や組織に組織開発が本当の意味で導入されるためには、経営者が利益偏重主義から、業績が上がるためのマネジメントと組織の中の人間的側面のマネジメントの両方の同時最適解を探るという姿勢に変わる必要があります。この姿勢の変化は、組織開発を手法のレベルで捉えていては起こり得ません。

たとえば、「全部署でチーム・ビルディングを実施したが、大きな変化はなかった」「ＡＩを導入してみたが、そんなに変わらなかった」というように、手法（ドゥアブル）の良し悪しのみが語られているようでは、組織開発の導入は長続きしません。

組織開発は組織の体質改善であり、長期間の取り組みが必要となります。また、社員だけではなく、経営者の意識改革も必要とされます。人が大切にされ、活き活きとした風土が結果として好業績をもたらすという信念のもとで、活き活きとした風土での協働的な関係性が育まれた職場や組織を創る、という価値（デリバラブル）に根差した取り組みが必要になります。

「社員が活き活きと働く会社にしたい」「社員が幸せだと感じる瞬間が少しでも増える組織にしたい」など、社員にとっての人間的価値を経営層が語り、社員も協働して自分たちの潜在力を発揮することで、活き活きとした効果的なチームや組織になっていく可能性が高まります。そして、結果として、顧客から選ばれる製品やサービスを提供できる組織になっていくと考えられます。

「そんなこと言って、理想論だよ！」と感じた読者の方、確かにそうかもしれません。

しかし、ここで私が主張したことは、マクレガーのいうY理論の人間観（マネジメント観）がベースになっています。そして、私の考えが理想論であり、現実的にはそうはならないと感じた方は、X理論の人間観（マネジメント観）をもっている表れといえるでしょう。

経営層の人間観（マネジメント観）は組織の人間的側面に強く影響していきます。X理論の経営層のもとでも短期的な収益は上がりますが、人や関係性は疲弊していきます。組織の人間的側面の効果性と健全性を高めることを組織開発では目指しますが、そのためには、組織の人間的側面を経営層が本気で重視し、そのメッセージを組織の構成員に伝え、かつ、長期的に取り組む必要があります。

組織の人間的側面のマネジメントは重要な経営課題であり、それに長期的に着実に取り組むことが強い組織づくりにつながる、ということを理解し、組織開発に取り組む経営層の方々が増えることを祈っています。

おわりに

本書は、私にとって初の単著です。これまで共著で出版した書物はありましたが、今回、単独で一冊の本を書き下ろすことができました。

私が組織開発の研究と実践をしているのは、日本の組織で働く人々がもっと幸せに、活き活きと働くことができるようになることを願っているからです。それを夢見ながら、大学でチェンジ・エージェント力を養うゼミに取り組み、組織開発の実践者を養成する講座に携わり、組織開発コンサルタントとして（細々ですが）企業のお手伝いをさせていただいています。同じ思いや価値観を共有する、組織開発のチェンジ・エージェントが日本にさらに増えること、そして、それぞれの場で組織開発が実践されることを切に願っています。そして、この本が、組織開発「道」に入門するきっかけになったとしたらとても嬉しいです。

本書は、組織の中で変革に取り組んでいる方々、人事や経営企画の担当者、組織開発の実践者やコンサルタント、大学院生や学生の皆さんを対象に書いた入門書ですが、特に経営者の方々に読んでいただきたいと思っています。なぜなら、日本の組織が元気になり、活き活きと働ける職場が増えるかどうかは、経営者の皆さんの双肩にかかっていると考えているからです。

本書の第4章で、経営層の人間観（マネジメント観）は組織の人間的側面に強く影響すること、X理論の経営層のもとでは人や関係性が疲弊すること、Y理論をベースに組織の人間的側面のマネジメントに取り組む必要があることを記しましたが、ここに本書の主張が集約されているといっても過言ではありません。この主張が経営者の方々に伝わることが一義的な目的ですが、さらにご理解いただくためには、その根拠を研究知見に基づいて示す必要があり、これが、私にとっての今後の研究と出版の課題だと思っています。

また、組織開発は人間尊重と民主的な価値観やY理論のマネジメント観がベースになっていて、それらの価値を大切にしながら、職場や組織に起こるプロセスに気づき、働きかけ続ける取り組みが必要である、という軸が本書の根底にはあります。

しかし、組織や職場には、根本的に怠惰で努力したくない人もいます。そのような人々に対しては業績を上げるために向き合っていく必要があるでしょう。また、やる気がある人とない人でコンセンサスをしようとすると、やる気がない人が主張する、安易で楽な方向で決定がなされることもあります。その場合は、民主的なコンセンサスによる決定ではなく、仕事の質を高めるために上司が叱咤激励をしていく必要があるかもしれません。

経済的な価値観や効率性が重視されている日本企業の現状に対して、人間尊重や民主的な価値観はもっと大切にされるべきであると私は考えています。

しかし、具体的な関わりや働きかけの仕方は、その時々の状況や相手によって異なり、ベストな方法や正解がない、まさに同時最適解を探ることが必要であると思います。マネージャーである上司は、見守る時があれば、叱咤激励する時があり、指示命令をする時があれば、コンセンサスによって決定する時があり……。関わり方や行動は、「今ここ」のプロセスに対応していくことが大切です。

＊　＊　＊

本書の執筆に当たっては、多くの方にお世話になりました。

組織開発の本が日本には必要だからと、光文社の古谷さんに私を紹介してくださり、さらに、この本に解説をご寄稿いただけた神戸大学の金井壽宏先生。なかなか筆が進まない私に対して、粘り強く、忍耐強くお声がけくださり、執筆をファシリテートしてくださった光文社の古谷俊勝さん、そして、全体の構成や細部の修正を丁寧にしてくださった編集部の小松現さんに感謝申し上げます。最後に、私事ですが、なかなか進まなかった本書の執筆を時にX理論から叱咤激励してくれた妻に感謝します。

二〇一五年四月

中村和彦

von Bertalanffy, L. (1968). *General system theory : Foundations, development, applications.* New York, NY : George Braziller. (フォン・ベルタランフィ, L. 長野敬・太田邦昌（訳）(1973). 一般システム理論――その基礎・発展・応用―― みすず書房)

Warrick, D. D. (2005). Organization development from the view of the experts: Summary results. In W. J. Rothwell & R. Sullivan (Eds.) *Practicing organization development : A guide for consultants.* 2nd ed. San Francisco, CA : Pfeiffer, pp.164-187.

McGregor, D. (1960). *The human side of enterprise.* New York, NY : McGraw-Hill. (マグレガー, D. 高橋達男（訳）(1970). 新版　企業の人間的側面――統合と自己統制による経営――　産能大学出版部)

内閣府 (2009).「第8回世界青年意識調査」の結果について　内閣府 2009年3月〈http://www8.cao.go.jp/youth/kenkyu/worldyouth8/pdf/gaiyou.pdf〉

中村和彦 (2007). 組織開発（OD）とは何か？　人間関係研究（南山大学人間関係研究センター紀要), 6, 1-29.

日本経済新聞 (2008). 仕事人の品格　日本経済新聞 2008年1月12日付 NIKKEI プラス 1

ピープルフォーカス・コンサルティング (2005). 組織開発ハンドブック――組織を健全かつ強固にする4つの視点――　東洋経済新報社

坂本光司 (2008). 日本でいちばん大切にしたい会社　あさ出版

Schein, E. H. (1965). *Organizational psychology.* Englewood Cliffs, NJ : Prentice-Hall. (シェイン, E. H. 松井賚夫（訳）(1966). 組織心理学　岩波書店)

Schein, E. H. (1999). *Process consultation revisited : Building the helping relationship.* Reading, MA : Addison-Wesley Publishing. (シャイン, E. H. 稲葉元吉・尾川丈一（訳）(2002). プロセス・コンサルテーション――援助関係を築くこと――　白桃書房)

Schein, E. H. (2009). *Helping : How to offer, give, and receive help.* San Francisco, CA : Berrett-Koehler Publishers. (シャイン, E. H.　金井壽宏（監訳）金井真弓（訳）(2009). 人を助けるとはどういうことか――本当の協力関係をつくる7つの原則――　英治出版)

Tschudy, T. N. (2006). An OD map : The essence of organization development. In B. B. Jones & M. Brazzel (Eds.) *The NTL handbook of organization development and change.* San Francisco, CA : Pfeiffer, pp.157-176.

塚越寛 (2009). リストラなしの「年輪経営」　光文社

Vaill, P. B. (1989). Seven process frontiers for organization development. In W. Sikes, A. B. Drexler & J. Grant (Eds.) *The emerging practice of organization development.* Alexandria, VA : NTL Institute & La Jolla, CA : University Associates.

引用文献

Barnard, C. I. (1938). *The functions of the executive.* Cambridge, MA : Harvard University Press.（バーナード, C. I. 山本安次郎・田杉競・飯野春樹（訳）(1968). 経営者の役割（新訳）ダイヤモンド社）

Beckhard, R. (1969). *Organization development : Strategies and models.* Reading, MA : Addison-Wesley Publishing.（ベックハード, R. 高橋達男・鈴木博（訳）(1972). 組織づくりの戦略とモデル　産業能率短期大学出版部）

Burke, W. W. (1982). *Organization development* : Principles and practices. Boston, MA : Little Brown & Company.（バーク, W. W. 小林薫（監訳）吉田哲子（訳）(1987). 組織開発教科書――その理念と実践――　プレジデント社）

Burke, W. W., & Bradford, D. L. (2005) The crisis in OD. In D. L. Bradford & W. W. Burke (Eds.) *Reinventing organization development : New approaches to change in organizations.* San Francisco, CA : Pfeiffer.

Bushe, G. R., & Marshak, R. J. (2009). Revisioning organization development : Diagnostic and dialogic premises and patterns of practice. *The Journal of Applied Behavioral Science,* 45, 348-368.

Cummings, T. G., & Worley, C. G. (2015). *Organization development and change.* 10th ed. Stamford, CT : Cengage Learning.

Gergen, K. J. (1999). *An invitation to social construction.* London : Sage Publications.（ガーゲン, K. J. 東村知子（訳）(2004). あなたへの社会構成主義　ナカニシヤ出版）

Kahn, R. L. (1974). Organizational development : Some problems and proposals. *The Journal of Applied Behavioral Science,* 10, 485-502.

厚生労働省 (2011). 平成22年国民生活基礎調査の概況　大臣官房統計情報部社会統計課国民生活基礎調査室　2011年7月12日〈http://www.mhlw.go.jp/toukei/saikin/hw/k-tyosa/k-tyosa10/〉

Marshak, R. J. (2006). Organization development as a profession and a field. In B. B. Jones & M. Brazzel (Eds.) *The NTL handbook of organization development and change.* San Francisco, CA : Pfeiffer, pp.13-27.

解説——組織開発の極意を学ぶ

神戸大学大学院教授　金井壽宏

近年、組織開発への関心が高まっている。組織開発はこれまで日本でも何度かブームになってきた。しかし、本書にも記されているように、１９９０年代中盤のバブル崩壊以降、「業績の回復」の名の下に行われてきた改革は、主に「ハードな側面」の変革が中心だった。だが、それだけでは企業の業績は回復しなかった。その反省もあって、２０００年頃から「ソフトな側面」の改革、すなわちコーチング研修やファシリテーション研修を導入する企業が増えてきた。

読者の中には、すでにコーチングやファシリテーションを学んでおられる方もいるだろう。これらの流れのすべてを内包し、変革の連鎖を実現するための手法が組織開発だ。人間主義の価値観とそれに基づく技法を大切に整備してきた実践的分野である。

優れたリーダー、とりわけ変革志向のあるリーダーには、職場に効果的な変革を呼び込む組織開発の達人でもある方が多い。しかし、もちろん誰もが突然にリーダーシップを発揮できたり、また、すぐに組織開発の達人になれたりするわけではない。実際にリーダーシップを発揮する場面、あるいは組織開発の実施——職場や組織を変革する経験——を何度も体験して初めて体得できるものだろう。

しかし、経験だけからしか学べないとなると、私たちの学習範囲は極めて限られたものになってしまう。そこで、本書のような書物が重要な役割を果たす。実践を意識した指南書を読むことで、リーダーシップとは何か、組織開発とは何かを学ぶことができれば、職場や組織を変える試みにつながっていく。

本書の著者・中村和彦さんは、組織開発の実践面と、その技法を支える学問的基礎の両面に秀でた稀有《けう》な組織開発の熟達者である。

ご自身が語っておられるように、中村さんも組織開発を本格的に学ばれる前は、組織開発とは一体何なのか、その中身についてはよく分かっていなかったという。これは、初学者、入門を志す人に励みとなる。

人間関係について体験から学ぶというトレーニング（正式には「ラボラトリー方式の体験学習」）を専門にしていた中村さんは、その関連の中で「組織開発」や「ＯＤ」という言葉を耳にすることはあった。でも、その当時は組織開発を学びたいと思っても、学ぶ機会や参考になる書物が少なかったと述懐《じゅっかい》されている（この状況は現在でも変わっていない）。しかし、中村さんの今日があるのは、１年間のアメリカ留学中に、組織開発を発展させてきた組織である、ＮＴＬインスティテュートの「組織開発サーティフィケート・プログラム」を受講したことが大きく影響している。

組織開発の全体像を理解するためには体系的な学びが必要とされる。中村さんは、一つのコースが４日間から６日間の研修を合計６コース以上受講することで学びを深め、組織開発の全体像を理解していった。帰国後、組織開発の研究をさらに深めるとともに、組織開発の実践者として複数の企業へのサポートも行っている。

私自身、中村さんとともに、ＮＴＬを含めてＧＥなど、組織開発とリーダーシップ開発に定評のある企業などを視察した経験を持つ。この調査旅行中に、中村さんと長い時間にわたって議論や意見交換の機会を持つことができたのは、刺激的で幸福な時間だった。

繰り返すが、日本では組織開発の全体像を学ぶための機会が少ない。本書は、組織開発の極意を学ぶことができる優れた入門書だ。著者の経験に基づく、深みと実効性の両方を学習することで、職場や組織を効果的に、そして納得のいく形で変えていくことができるだろう。

中村和彦（なかむらかずひこ）

1964年岐阜県生まれ。南山大学人文学部心理人間学科教授、同大学人間関係研究センター長。専門は組織開発、人間関係トレーニング（ラボラトリー方式の体験学習）、グループ・ダイナミックス。アメリカのNTLインスティテュート組織開発サーティフィケート・プログラム修了。組織開発コンサルティングを通して様々な現場の支援に携わるとともに、実践と研究のリンクを目指したアクションリサーチに取り組む。主な論文に「組織開発（OD）とは何か？」「アクションリサーチとは何か？」（『人間関係研究』に掲載）などがある。

入門《にゅうもん》　組織開発《そしきかいはつ》　活《い》き活《い》きと働《はたら》ける職場《しょくば》をつくる

2015年5月20日初版1刷発行

著　者 ── 中村和彦
発行者 ── 駒井　稔
装　幀 ── アラン・チャン
印刷所 ── 萩原印刷
製本所 ── 榎本製本
発行所 ── 株式会社光文社
東京都文京区音羽1-16-6（〒112-8011）
http://www.kobunsha.com/
電　話 ── 編集部03（5395）8289　書籍販売部03（5395）8116
業務部03（5395）8125
メール ── sinsyo@kobunsha.com

ISBN 978-4-334-03858-8

743
教養としての聖書
橋爪大三郎

ビジネスパーソン必携。創世記、出エジプト記、申命記、マルコによる福音書、ローマ人への手紙、ヨハネ黙示録をスラスラとダイジェスト型式で読み進める最強の「聖書」解説本。

978-4-334-03846-5

744
好きになられる能力
ライカビリティ　成功するための真の要因
松崎久純

我々は、いくら専門分野で優秀でも、「人から選ばれ」なくては成功できない！　無意識にしてしまいがちな話し方・ふるまいのパターンを意識化し、改善するための原則を教える。

978-4-334-03847-2

745
つくし世代
「新しい若者」の価値観を読む
藤本耕平

気鋭のマーケッターが、若者たちの「今」、「さとり」の次までを分析。彼ら・彼女らに芽生えつつある〈新しいマインド〉とは？　商品開発・マーケティング・人事に役立つ一冊。

978-4-334-03848-9

746
低予算でもなぜ強い？
湘南ベルマーレと日本サッカーの現在地
戸塚啓

2014年、開幕14連勝、その後21戦負け無しの記録を作り、史上最速でJ1昇格圏を確保した湘南ベルマーレ。Jリーグが誇る「中小企業」の15年間を丹念に追ったノンフィクション。

978-4-334-03849-6

747
サルバルサン戦記
秦佐八郎　世界初の抗生物質を作った男
岩田健太郎

感染症界のエースが挑む、空前絶後の科学ノベル！　研究とは何か、科学者の資質とは……実在の細菌学者の人生と当時の名だたる研究者との交流・葛藤を通し現代に問いかける！

978-4-334-03850-2

748
二塁手革命
菊池涼介
2年連続ゴールデングラブを獲得、そのグラブさばきにはメジャーも惚れた！　ヒットをアウトにする守備範囲、超シンプル打法で安打量産。今、最もワクワクする選手の野球論。
978-4-334-03851-9

749
アップル、グーグルが神になる日
ハードウェアはなぜゴミなのか？
上原昭宏
山路達也
身の回りの様々な機器がクラウドにつながる「モノのインターネット化」（ＩｏＴ）。この急成長市場を足掛かりとした、巨大ＩＴ企業の企みを解き明かす。【小飼弾氏推薦】
978-4-334-03852-6

750
すごい！　日本の食の底力
新しい料理人像を訪ねて
辻芳樹
日本は食材だけじゃない、人材の宝庫だ。辻調グループ代表が日本の食の先駆者たちを徹底取材。日本を元気にする新世代たちの試みを知れば、これからの「食」の形が見えてくる！
978-4-334-03853-3

751
目の見えない人は世界をどう見ているのか
伊藤亜紗
視覚障害者との対話から、〈見る〉ことを問い直す身体論。「〈見えない〉ことは欠落ではなく、脳の内部に新しい扉が開かれること。驚くべき書き手が登場した」【福岡伸一氏推薦】
978-4-334-03854-0

752
説得は「言い換え」が9割
向谷匡史
説得とはノーをイエスに転じさせる技術であり、その成否は「言い換え」で決まる。各界のトップからヤクザのドンまで大物たちと対峙してきた著者が、人を動かす話術を伝授！
978-4-334-03855-7

光文社新書

753
人は、誰もが「多重人格」
誰も語らなかった「才能開花の技法」
田坂広志

なぜ、「隠れた人格」を育てると、「隠れた才能」が現れるのか？ 21世紀のダ・ヴィンチは、いかにして生まれるか？ ——新たな「才能開花の技法」を対話形式で説く。

978-4-334-03856-4

754
ヤバいLINE
日本人が知らない不都合な真実
慎武宏　河鐘基

日本人の四割強、国内だけで五八〇〇万人のユーザーを抱えるLINE。その複雑なビジネスモデルを徹底解説し、社会的インフラとしての「責任」を問うノンフィクション。

978-4-334-03857-1

755
入門　組織開発
活き活きと働ける職場をつくる
中村和彦

仕事や会社でのストレス、職場や部門間でのコミュニケーション不足、上司や経営層への不信感ｅｔｃ.。これらの問題を解決するには？「人」「関係性」に働きかける最新理論。

978-4-334-03858-8

756
もしも、詩があったら
アーサー・ビナード

文学において、思考において、そして人生において、「if」の果たす役割はどれだけ大きいことか。古今東西の選りすぐりの名詩を味わいながら、偉大なる「もしも」の数々を紹介。

978-4-334-03859-5

757
やってはいけないダイエット
坂詰真二

流行の「○○ダイエット」のほとんどは効果がないか、命の危険！ 大ヒット「やってはいけない」シリーズの人気トレーナーが体脂肪だけ減らす確実・安全なダイエット法を伝授。

978-4-334-03860-1